KB175675

# 아버지의 첫 직업은 머슴이었다

# 아버지의 첫 직엽은
# 머슴이었다

여든 살 아버지 인생을 아들이 기록하다

한일순 구술 · 한대웅 씀

페이퍼로드
paperroad

# 차례

# 들어가며

아버지는 국민학교 문턱에도 가보지 못했고, 군 입대 전까지 당신이 아는 거라곤 이름 석 자와 사는 곳의 주소에 불과했다. 아버지에게 내세울 게 하나 있다면 팔십 평생을 성실하게 살았다는 것이다. 어머니에게 책임감 있는 배우자로, 자식들에게는 입고 쓰는 걸 비롯해, 교육을 받는 데 장애물이 없도록 노력했다. 은퇴한 이후에는 남에게 도움을 요청하지 않고 스스로 삶을 꾸릴 수 있게 되었다. 얼핏 보면 평범한 삶에 불과하지만, 이를 풀어나가는 과정은 결코 쉽지 않았다. 부모 세대라면 누구나 한 번쯤 느꼈을 만한 보편적인 감정에 대한 담담한 기록이 되기를 바란다.

아버지의 인생을 글로 옮기는 건 내게 깊게 패인 콤플렉스를 긁어내는 과정이었다. 종종 학교와 사회에서는 아버지의 인생을 마음대로 평가하려 했다. 그건 명백히 아버지의 처지에 대한 무시와 조롱이 섞인 비웃음이었다. "요즘도 무학력인 사람이 있어?", "소처럼 일은 잘해"와 같은 말들. 나는 보이지 않는 폭력 속에서 유년기와 청소년기를 보내면서, 마치 겁에

질린 한 마리의 사슴처럼 웅크리고 있었다. 하지만 누가 뭐라 해도 나의 아버지는 부지런했고 매순간 최선의 결단을 내렸으며, 인생에서 맞닥뜨리는 문제를 어떻게 대처해야 하는지 온몸으로 체득했다. 이 모든 것은 자신만의 방식으로 세상의 이치를 파악하려는 의지에서 비롯된 것이었다.

인터뷰 과정에서 아버지는 몇 번이나 이렇게 말했다.

"일자무식이 이 정도면 잘 살았지! 안 그러냐?"

아버지는 "하, 하, 하." 가볍게 웃었다. 그 웃음소리는 시름을 잊기 위함이 아니었다. 일자무식으로 살아야 했던 과거는 한때 괴로움 그 자체였을 것이다. 그러나 이제는 즐겁게 말할 수 있는 추억이 되었다. 그 속에는 마침내 자신을 짓누르던 무지의 괴로움에서 벗어나 삶을 일궈냈다는 자신감, 성취감, 여유 같은 것이 담겨 있었다.

"아버지의 인생을 기록해 보는 건 어떠세요?"

아버지는 뭘 그런 걸 쓰냐고 했지만 본심은 달랐다. 한번 인터뷰를 할 때마다 두세 시간이 걸렸지만, 아버지는 전혀 힘든 기색을 보이지 않았다. 그의 웃는 표정과 툭툭 터지는 말로 미루어 보건데, 아버지에게는 이때가 가장 즐거운 시간이었던 것 같다. 아버지는 대화를 하는 내내 인간적인 모습을 많이 보여줬다. 당신이 뿌듯한 대목에서는 신난 목소리로 자랑스러운 듯 아주 구체적인 것까지 말했고, 당신이 판단을 잘못했거나 누가 봐도 부끄러운 일이면 말을 아긴 채 웃어넘기려 했다. 또 할아버지 이야기가 나오기만 하면 눈물을 흘리곤 했다. 뿐만 아니라 아버지는 어머니에게 사랑한다는 말을 세 번, 미안하다는 말을 두 번 했다. 아버지는 이제껏 자신의 마음을 제대로 표현한 적이 없었다. 특히 사랑한다는 말은 팔십 평생 처음이다. 나는 인터뷰를 거의 마칠 무렵 아버지를 더 많이 이해하게 되었다.

　나는 원래 역사를 좋아했다. 지인들은 내게 "모든 대화를 기승전역사로 끝내는 구나!"라고 말했다. 아버지 이야기를 들으면서 1980년부터는 나의 개인적 경험도 있었기 때문에 자연스럽게 이해할 수 있었다. 그러나 한국전쟁, 4·19혁명, 베트남 파병이 있었던 1950년대부터 1970년대까지 역사는 책으로만 읽었을 뿐, 체득하는 데 한계가 있었다. 아버지와 대화를 하면서 해방 이후 현대사를 더 자세히 알게 되었다. 예를 들어 '지주와 소작인으로 대변되는 봉건적인 질서는 산업화와 함께 사라졌나?', '1960년대까지도 농촌에서는 가치 교환의 주요 수단이 돈이 아니라 곡식이었나?' 혹은 '산업화와 중동붐'이 아버지의 삶에 어떤 영향을 끼쳤는지 알게 되었다. 급변하는 사회 속에서, 아버지가 어떻게 맞서고 대응했는지 조금 더 알게 되었다. 때론 인내와 성실, 지혜와 결단으로 때론 거시적인 정부 정책에 합류하는 것으로 아버지는 당신들의 삶을 개척해 나갔다.

　아버지 사랑합니다. 이 책은 아버지를 존경하는 아들의 헌사입니다.

# 프롤로그　　　　　　　　　살인 미수범과의 기이한 동거

20대 중반 아버지는 숙식과 일정 급여를 받기로 하고 창호지 공장에서 일했다. 닥나무 나르기부터 장작 나르기 등 창호지 공장의 각종 잡다한 일이 아버지의 몫이었다. 아버지는 처음으로 소정의 여윳돈을 만질 수 있었다. 하지만 급여는 매달 일정한 날짜에 지급되지 않았다. 몇 개월에 한 번 혹은 명절 전에 지급되었고, 액수도 고정적이지 않았다. 하지만 아버지 입장에서 숙식 외에도 급여를 줄 수 있다는 이평직의 제안은 괜찮은 것이었다. 이평직은 아버지가 처음 일한 창호지 공장의 주인으로 아버지가 서울 생활한 때 많은 도움을 준 이준직의 형이었다. 당시 창호지 공장에서 만든 초배지는 벽과 문에 바르는 용도로도 썼지만, 겨울철 점퍼로도 사용했다. 요즘으로 치면 오리털 대신 초배지를 사용해 보온 효과를 높였던 셈이다.

　아버지는 이곳에서 이평직의 매제인 전규만을 처음으로 만났다. 아버지보다 다섯살이 많았던 그는 아버지와 달리 키가 크고 힘이 셌다. 초가집 지붕을 수리할 때 양손에 무거운 이엉을 하나씩 들고, 지붕으로 올라가곤 했다. 전규만은 전라도 고창 사람인데 본가는 원주였다.

어느 날 전규만이 아버지에게 한 가지 제안을 했다. 자기가 아는 닥풀 만드는 집이 있는데, 그 집에서 닥풀을 사서 창호지 공장에 판 다음 이익을 남기자는 것이었다. 창호지를 만들 때 꼭 필요한 것 중 하나가 닥풀이다. 닥풀은 창호지가 일정한 속도로 넓게 펴질 수 있게끔 한다. 아버지는 전규만의 제안에 동의했고, 그의 제안대로 양평에서 닥풀을 구매한 후, 원주 단구동 창호지 공장에 팔아 이익을 남길 수 있었다. 전규만은 한 번 더 닥풀 판매를 해보자고 말했다. 전규만은 아버지를 데리고 강원도 원주에 있는 자기 집으로 데려갔다. 그곳에서 하룻밤을 자는데 아버지는 꿈을 꾸었다. 누군가 방에서 뛰쳐나와 아버지에게 달려들었고 그와 죽도록 싸우다 마침내 아버지가 이기는 내용이었다.

다음날 전규만은 경상도 영주로 아버지를 데려갔다. 그곳에서 잘 차려진 밥 한상을 아버지에게 대접했다. 밥을 먹고 난 후, 아버지와 전규만은 기차를 타고 단양군 죽령역으로 갔다. 전규만은 그곳에 가면 잘 아는 닥풀집이 있다면서, 그곳에서 닥풀을 사서 판매하자고 했다. 아버지는 그의 말을 믿고 따라갔다.

죽령역에 내렸을 때, 아버지 눈에 들어온 것은 하얀 눈으로 덮인 새하얀 세상이었다. 길에도 지붕에도, 나뭇가지에도 온통 하얀 눈이 쌓여 있었다. 어둔 밤이라 칠흑 같은 어둠만이 깔려있을 뿐 사람 하나 볼 수 없었다. 하얀 눈이 덮인 논둑길을 따라서 한참 걷고 있을 때였다. 갑자기 전규만이 아버지에게 말했다.

"나한테 일만 시키고 돈을 안 준 창호지 공장이 멀지 않은 곳에 있는

데, 복수하는 셈치고 그 집에 가서 창호지 작업용 발과 출낫를 가져오자.”

아버지는 단호하게 거절했다.

“아무리 그래도 발과 출낫을 가져오면 공장은 일을 못 하지 않는가. 설을 쉴 돈은 마련해야 할 텐데…….”

그러나 전규만은 포기하지 않고 혼자 가겠다며 고집을 부렸다. 혼자 떠난 전규만은 얼마 지나지 않아 출낫을 들고 돌아왔다. 전규만과 아버지는 다시 함께 걸어갔다. 잠시 후 논 사이로 개울이 나왔다. 아버지는 개울을 건너려고, 둑 아래로 내려갔다. 그 순간 아버지의 머리에 강한 충격이 느껴졌다. 아버지는 비틀거리며 앞으로 고꾸라졌고 무언가 둔탁한 게 자신의 머리를 끊임없이 내려치는 것을 알게 되었다. 아버지를 공격한 것은 다름 아닌 전규만이었다. 그는 출낫을 들고 아버지를 쫓았다. 전규만은 닥풀 판매를 미끼로 아버지를 죽이고, 아버지가 1년 동안 모은 돈을 빼앗으려 했던 것이다. 지금 가치로는 약 천만 원 정도 되는 액수였다. 만약 전규만이 내려친 출낫에 머리를 정통으로 맞았다면 아버지는 바로 죽었을 것이다. 다행히 출낫은 아버지의 뒤통수를 빗겨갔다.

아버지는 순간 안 되겠다 싶었다. 계속 가만히 있다가는 전규만이 내리치는 출낫에 맞아 죽을 것만 같았다. 아버지는 두 팔로 전규만의 몸을 붙들었다. 두 사람은 팔이 엉킨 상태로 돌부리에 걸려 미끄러졌다. 아버지와 전규만은 개울 바닥에 넘어지고 말았다. 아버지와 전규만이 뒤엉켜 넘어지는 과정에서 전규만의 머리가 바위틈에 끼고 말았다. 전규만은 제대로 움직일 수 없게 되자, 아버지는 재빨리 그의 배 위에 올라탔다. 순간 아버지는 어떻게 할지 몰라 덜컥 겁이 났다. 그리고 아버지의 머릿속은 복잡해졌다. 이대로 돌로 내리쳐서 전규만을 죽여야 하는 걸까. 이때 아버지에게 한 가지 생각이 떠올랐다. 눈에 가벼운 부상을 입히자. 도망가더라도 쫓아오지 못하겠지.

아버지는 눈 속에 있던 작은 돌을 파내어 전규만의 눈을 짓이겼다. 곧이어 "사람 살려, 사람 살려!" 소리치면서 정신없이 도망쳤다. 지금 있는 곳이 어딘지도 모른 채 눈 덮인 논두렁을 따라 무조건 달렸다. 밤 11시경, 미친 듯이 달려 한 초가집에 도착했다. 아버지는 문을 마구 두드렸다. 집안에서 사람이 나오자마자 아버지는 숨도 안 쉬고 "누가 나를 죽이려고 해요. 살려주세요."라고 이야기했다. 그러자 그 사람은 지서 위치를 알려주었다. 지서에 도착해 보니, 근무를 서는 경찰이 있었다. 아버지가 경찰에게 자초지종을 이야기했다. 그런데 다짜고짜 경찰이 "너, 이 자식, 네가 사람을 죽이려다가 안 되니까 이리로 온 거 아니야."라며 다그쳤다. 아버지는 억울해 하며 같이 전규만을 잡으러 가자고 했다. 경찰은 단양 경찰서로 전화했다. 곧바로 검은색 경찰차가 왔고, 다섯 명의 형사가 내렸다. 아버지는 형사와 경찰을 데리고 전규만이 자신을 죽이려 했던 장소로 출발했다. 한참을 가고 있는데, 멀리서 횃불이 보였다. 가까이 가보니 모두 근처에 사는 마을 사람들이었다. 그들은 손에 삽, 괭이 등을 들고 있었다. 마을 사람들은 아버지가 "사람 살려"라고 소리치는 걸 듣고 무슨 일인지 확인을 하려고 나온 것이었다. 마을 사람들은 피를 흘린 흔적과 함께 발자국이 두 갈래로 나있는 것을 확인하고, 양쪽으로 나뉘어 발자국과 피 흘린 자국을 따라갔던 것이다.

얼마 지나지 않아 전규만은 잡히고 말았다. 그는 죽령역 근처 굴다리 아래까지 도망을 갔는데, 그곳에서 핏자국을 따라 쫓아간 마을 사람들에게 붙잡힌 것이었다. 이날 아버지는 미군복을 물들여 만든 바지와 가죽점 퍼를 입고 있었다. 나중에 정신을 차리고 보니, 아버지의 머리와 얼굴은 물론 점퍼와 바지에도 피가 묻어 있었다.

전규만이 아버지를 원주 집으로 데려가서 재우고 경상북도 영주에서 저녁밥을 사준 것도 모두 아버지를 죽이기 위해 짜놓은 계획이었다. 나중에 알고 보니 전규만과 그를 쫓아간 마을 사람들은 서로 아는 사이였다. 전규만은 범행 장소로 자신이 잘 아는 곳을 택한 것이다.

경기도 남양주 마석에서 강원도 원주에 들린 다음, 경상북도 영주까지 갔다가, 중앙선 기차를 타고, 충청북도 단양군 죽령역으로 가는 과정은 매우 길고 복잡했다. 당시는 지금처럼 교통이 발달했던 때가 아니다. 각 도시와 군, 면, 읍은 기차와 도로로 연결되어 원활하지가 않았다. 기차는 거의 한 시간 간격으로 운행했고 늦은 밤에는 아예 기차가 없었다. 자동차나 트럭은 군대나 경찰 등을 제외하고, 농촌의 군 단위 정도 되는 지역에 한 대나 있을까 말까한 시절이었다.

전규만이 아버지를 죽이려 했던 방법은 요즘으로 치면, 아버지를 일본으로 데려갔다가 다시 대만에 들렀다가, 마지막으로 자신이 잘 아는 필리핀으로 데려가서 죽이려 했던 것이다. 당시 아버지는 호적이 없었다. 전규만의 의도대로 아버지가 죽임을 당했다면, 아무리 뛰어난 경찰이라도 피해자의 단서를 찾는 게 쉽지 않았을 것이다. 게다가 단양과 마석은 거리가 너무 멀었다. 당시 교통과 통신 수단을 고려했을 때, 경찰이 수사를 하는데 난관이 많았을 것이다. 아버지는 당시 상황을 두고 '어디서 한명이 죽어도 모르는 시대'라고 말했다.

사건은 누가 봐도 명백했다. 전규만은 가해자였고 아버지는 피해자였다. 아버지는 단양군 지방 법원에 두 번 출석했다. 전규만은 살인 미수로 실형 7년을 선고 받았다. 아버지의 재판은 호적 없이 진행되었다. 당시만 해도 호적 없이 사는 사람이 많았다. 또 아버지의 기억에 따르면 경찰 조사를 받고, 재판 받는 과정 내내 어떤 문서에 도장을 찍거나 사인을 했던 적이 없었다고 한다.

재판이 열리기 얼마 전, 전규만의 친척이자 아버지의 은인이었던 이준직이 아버지를 찾아왔다. 그는 재판장에서 전규만의 선처를 바란다고 말해달라고 부탁했다. 아버지는 서울에서 하루 벌어 먹고 살 때, 따뜻한 배려를 해준 이준직에 대한 고마움이 있었다. 이런 인연 때문에 아버지는 법정에서 "전규만에게 선처를 내려주십시오."라고 말했다.

전규만과 아버지의 인연은 여기서 끝나지 않았다. 몇 년 후 아버지가 스물아홉이 되었을 때, 전규만과 기이한 동거를 하게 되었다. 그때 아버지는 마석 답내리에서 창호지를 만들고 있었다. 그날도 아버지는 창호지를 만들기 위해 큰 가마에 닥나무를 삶고 있었다. 아버지가 화로에 참나무를 넣으며 불을 피우는데 갑자기 한 사람이 나타났다.

"야, 너 한일순이 아니냐!"

전규만이었다. 원래는 7년형을 선고 받았는데 모범수가 되어 5년 만에 감옥에서 나왔다고 했다. 아버지는 놀라긴 했지만 어쩔 수 없다는 생각이 들었다. 웬일인지 무섭거나 꺼려지지도 않았다. 전규만은 아버지가 사는 곳 바로 옆에서 그의 가족과 함께 생활했다. 그 역시 아버지처럼 창호지를 만들어서 돈을 벌었다. 한 마을에서 전규만과 아버지의 기묘한 동거는 2년 정도 지속됐다. 이를 본 동네 사람들은 아버지에게 무섭지 않냐고 묻곤 했다.

그러던 어느 날, 전규만은 서울로 떠난다고 했다. 전규만은 감옥에서 지내면서 정강이가 부실해졌다고 했다. 당시 감옥은 매우 추웠고 제대로 된 방한복이나 방한 시설이 없었다. 결국 그는 냉방병에 걸리고 말았고 그 후유증으로 몸은 자주 붓고 양다리에 힘을 주기 어려워졌다. 몸에 힘이 없는 상태에서 창호지를 만드는 것은 불가능했다. 게다가 살인 미수 이력 때문에 동네 사람들은 물론 그의 친척들도 전규만을 기피했다. 이 무렵 아버지는 어머니와 동거를 하고 있었는데 전규만의 아내는 어머니를 볼 때마다 미안하다고 했다. 이때 아버지의 측은지심이 발동한 걸까. 아버지는 심지어 전규만이 감옥에서 못 걸을 정도로 다친 게 당신과 연관되어 있다는 생각까지 들었다.

아버지는 전규만이 요청하지 않았음에도 그와 가족들이 이사하는 걸 처음부터 끝까지 도왔다. 제대로 걷지 못하는 전규만을 업어서 버스에 태운 건 물론, 짐 나르는 일까지 도맡았다. 전규만 식구들의 생필품은 단출했다. 꼭 필요한 살림살이를 궤짝에 넣거나 보자기로 싼 뒤, 버스에 싣고 이사했다. 아버지는 버스에서 내려 전규만을 종로구 숭인동까지 업어다 주었다. 그러나 전규만은 결국 숭인동에서 자리 잡지 못하고, 경상도 어딘가로 내려갔다고 한다. 이후 소식은 들은 바가 없다.

지금 화폐 가치로는 천만 원이 채 안 되는 돈 때문에 동료를 죽이려 했던 시절이었다. 이 책은 그런 혹독한 시절을 몸뚱이 하나로 살아낸 아버지 한일순의 이야기다.

# 1장
## 가짜 피난길에 오르다

. . .

아버지는 셋째 고모할머니의 얼굴은 전혀 기억하지 못한다. 아니, 고모할머니의 존재 자체를 최근에서야 알게 되었다. 뜻밖의 이야기를 꺼낸 사람은 어머니였다.

"당신, 고모 한 분이 더 있었는데 그걸 몰라요? 셋째 고모가 있었어요."

순간 아버지는 말을 멈추었다가 황당하다는 표정을 지었다. 어머니가 차분하게 말을 이어갔다.

"어머니랑 둘째 고모가 대화하시는 걸 듣고 이 사실을 알았어요. 중국인가 만주로 갔다고 하던데……."

당시 한반도에 살던 많은 이가 중국, 특히 만주로 많이 이주했던 것을 감안하면 셋째 고모할머니가 만주로 떠났다는 것은 새삼 특이한 일도 아니다. 다만 아버지가 팔십이 될 때까지 셋째 고모할머니의 존재를 몰랐다는 게 황당할 뿐이다. 왜 이렇게 되었을까?

아버지는 할아버지가 돌아가신 이후 가족들과 정서적 유대감을 쌓을 시간이 현저히 부족했다. 아버지는 당신의 아버지와 어머니가 어떤 사람이었고, 어떻게 살았는지 아는 게 없었다. 셋째 고모할머니는 아버지가 태어나기 전 가족들을 떠났다고 한다. 아버지 연세가 81세임을 고려할 때, 만주로 간 고모님은 이미 오래 전에 돌아가셨을 것이다.

## 전라도 산골짝에서 태어나다

아버지는 1941년 음력 9월 17일, 양력으로는 9월 9일에 태어났다. 성은 '한'이고, 이름은 '일수'이다. 한자로 성인 '한'은 '韓'이라 쓰고, 이름인 '일수'는 '一洙'라고 쓴다. 보통 사람의 이름에는 저마다 특별한 뜻이 있다. 그런데 아버지의 이름이 가진 의미는 미약하다. 아니 별다른 의미가 없는 듯하다. 한자로 '一洙(일수)'의 '一'은 하나를, '洙'는 '물가'를 뜻한다. 두 글자를 합치면 '하나의 물가'라고만 해석된다. 할아버지는 아버지 이름을 왜 이렇게 지은 걸까. 아버지에게 물어도 그 뜻을 할아버지가 설명해 준 적이 없고, 또 아버지가 어린 시절 할아버지가 돌아가셨기 때문에 물어볼 시간도 없었다고 한다. 할아버지는 시대의 관행을 따라 항렬자인 '수(洙)'를 넣어 자식들의 이름을 지었다. 그래서 아버지의 이름은 '일수'이고, 작은아버지는 '일' 대신 '이'를 사용해 '이수'가 되었다.

아버지가 태어난 곳은 전라북도 정읍군 산내면 종성 3리다. 마을 사람들은 이곳을 '종성3리'라 부르지 않고, '가리점'이라 불렀다. 이곳은 후에 임실군 강진면으로 용수리로 편입되었다. 지명에 '점'이라는 명칭이 들어가면, 숯이나 옹기를 굽는 마을이라는 의미이다. 오래전부터 가리점 사람들은 옹기를 구워 생계를 유지했다. 그러나 아버지 기억 속에 이런 일은 없었다.

가리점을 둘러싼 회문산 자락은 높이가 837미터로 이 지역에서 가장 높다. 이곳 산골짝에서 시작된 물줄기는 마을 바로 앞까지 흐르는데 이 물이 계곡을 따라 1킬로미터 정도 지나 섬진강에서 합쳐진다. 가리점은 산비탈에 30여 채의 초가집이 옹기종기 모여 마을을 이루고 살았다. 아버지가 태어난 집은 방 두 칸에 부엌이 딸려 있고 싸리나무로 만든 울타리가 둘러쳐 있었다.

아침에 일어나 창호지를 바른 초가집 문을 열면, 눈앞에는 구릉이 보였다. 봄이면 진달래와 조팝나무가 산자락을 따라 하얗게 피어나고, 여름이 되면 더위를 식혀주는 바람이 산에서 불어오고, 신갈나무, 떡갈나무, 굴참나무 등 각양각색의 참나무가 짙푸른 자태를 뽐냈다. 가을이 되면 마을을 감싸고 있는 산자락은 붉게 물들었고, 겨울에는 잎사귀가 떨어진 나뭇가지 위로 하얀 눈이 소복이 쌓였다.

마을 사람들은 비탈진 산자락에 논과 밭을 일구고, 옥수수, 감자 같은 밭작물과 벼농사를 지으며 살았다. 조금 특이한 점이라면 삼베 농사였는데 마을의 몇몇 집은 봄에 씨를 뿌리고 7월과 8월 사이 삼베옷의 원료인 푸른 대마를 수확했다.

평평한 곳에 논이나 삼베 밭을 가진 사람은 개중 살림이 나은 편이었고, 그렇지 못한 사람은 어려웠다. 하루하루가 논밭을 가진 사람도 상대

23

적으로 괜찮았단 거지, 먹고사는 걱정을 안 하고 살만큼 부자는 아니었다. 이곳의 성인 남녀라면 삼시 세끼를 해결하기 위해 밤낮 없이 쉬지 않고 일을 해야 했다. 때론 아이들도 어른들의 일손을 도와야 했다. 흔히 만석꾼, 천석꾼이라 불리는 부자는 김제나 부안처럼 평야지대에서 나타났다. 임실은 산이 많은데다 아버지가 태어난 마을은 그 임실 중에서도 더 깊은, 한마디로 첩첩산중이었다. 할아버지에게는 논 3마지기 외에 삼밭과 밭 그리고 산이 있었다. 논에서는 쌀을, 밭에서는 옥수수, 감자, 보리 등을 키웠고, 삼밭에서는 옷감의 재료인 대마를 재배했다. 7월이 되면 대마는 어린아이 키만큼 자란다. 이때 할아버지는 대마를 베고, 이것을 물에 불린 다음 햇빛에 말려 실을 뽑아냈다. 이렇게 만든 실은 삼베가 된다. 대마 잎사귀는 마약의 한 종류인 대마초를 만드는 재료인데, 예전에는 농부들이 대마의 잎사귀로 대마초를 만들 수 있다는 사실을 몰랐다고 한다.

할아버지의 집안 형편은 가리점의 다른 농부들보다 상대적으로 나았다. 평지에 논과 밭이 있었고, 그 주변을 삼밭과 산이 두르고 있었다. 그러나 할아버지는 부농이 아니었다. 그저 가난한 동네에서 상대적으로 덜 가난했을 뿐이다.

가리점이 얼마나 산골이었는지는 마을사에서도 드러난다. 조선 시대 말, 우리나라 최초의 천주교 신부 김대건 안드레아의 동생 김난식 프란치스코와 조카 김현채 토마스에 관한 일화다. 두 사람은 1866년 병인박해 때, 이곳 임실로 숨어들어 생계수단으로 숯을 구워 팔았다. 그들이 살았던 곳과 무덤은 아직까지도 마을 뒤편 산길을 따라가면 남아 있다. 할아버지가 아버지에게 물려준 선산에서 두 사람이 살던 곳이 멀지 않다. 아버지가 나고 자란 마을은 병인박해 같은 난리가 일어났을 때, 사람들이 피난을 올만큼 산골이었다. 아버지는 할아버지를 따라 시장에 가곤 했는데, 집에서 출발해 경사가 완만한 산비탈이 나오려면 1킬로미터 정도 걸어야 했다고 한다.


## 서울에서 도망친 고조할아버지

고조할아버지는 한양에서 살다가 오늘날 전라도로 도망 왔다. 민란과 반란 같은 반체제 저항에 참여했던 그는 당시 정부의 탄압을 피해 전라도에 온 것이다. 증조할아버지가 1876년에 태어난 점을 감안하면 고조할아버지는 아무리 못해도 1856년 이전에 태어났을 것이고, 그가 청년일 때는 1870년대와 1880년대였을 것이다. 이 시대는 다양한 민란과 반란이 일어났다. 관료와 양반의 일상적인 부정부패, 매관매직, 농민수탈이 그 원인이었다. 당시 전라도, 평안도 같은 지방 외에 한양과 그 주변에서도 수많은 봉기가 있었다.

증조할아버지의 이름은 한만복, 증조할머니의 이름은 김숙이다. 증조할아버지는 1876년 3월 19일에 태어나서 1928년 11월 27일, 그의 나이 53살에 돌아가셨고, 증조할머니는 1878년 2월 13일에 태어나서 52살인 1929년 5월 2일에 돌아가셨다. 두 분이 언제 어떻게 부부의 연을 맺었는지 알 수 없다. 다만 확실한 것은 증조할아버지가 농사를 지으면서 봇

25

짐장사도 했다는 것이다. 증조할아버지가 농사와 장사를 어떻게 병행했는지, 또 얼마 동안 무엇을 팔았는지는 알 수 없다. 아마 증조할아버지는 여느 봇짐장수처럼 지게에 판매할 물건을 지고, 이 마을 저 마을, 이 시장, 저 시장으로 다녔을 것이다.

증조할아버지와 증조할머니는 이른 나이에 결혼했다. 첫째 고모할머니가 태어났을 때, 증조할아버지는 열일곱, 증조할머니는 열다섯이었다. 두 사람 슬하에는 자식이 다섯이었다. 첫째, 둘째, 셋째는 모두 딸이었고, 넷째는 아들이었는데, 이 아이가 바로 할아버지 한판금이다. 막내는 또 딸이었다. 첫째 고모할머니와 넷째 고모할머니가 시집 간 곳은 가리점이었다. 아버지의 추측에 따르면 할아버지는 이 인연으로 가리점에 정착을 한 게 아닌가 싶다. 첫째 고모할머니의 집과 할아버지의 집은 앞집, 뒷집 사이였고, 아버지의 기억에 첫째 고모할머니는 매우 좋은 사람이었다. 아마 할아버지도 자신의 누나에게 의지하는 바가 적지 않았을 것이다

## 할아버지가 소년에게 물려준 것

할아버지 이름은 한판금이고, 할머니 이름은 최복순이다. 할아버지는 1896년 12월 15일에 태어나, 1951년 7월 16일에 56세의 나이로 돌아가셨고, 할머니는 1905년 10월 10일에 태어나서 1984년 추석 전날 80세의 나이로 돌아가셨다. 할아버지와 할머니는 2남 1녀를 두었다. 첫째는 딸로 이름은 한옥순이다. 나의 고모는 1937년 태어나 2019년 12월 83살

에 죽음을 맞이했다. 둘째는 나의 아버지 한일수이고, 셋째는 작은아버지 한이수이다. 할아버지의 키는 당시 기준으로 평균 이상이었지만, 할머니는 아주 작았다. 할머니는 몸집은 왜소했지만 돌아가시기 직전까지 담배를 피울 정도로 잔병치레 없이 건강했다.

할아버지는 증조할아버지처럼 농사를 짓고 봇짐장사를 했다. 아버지의 기억 속 할아버지는 쉬지 않고 일하는 모습으로 남아 있다. 한국전쟁 당시 피난을 갔을 때도, 할아버지는 다른 사람의 농사를 대신 지어주거나 품을 팔아서 가족의 생계를 책임졌다. 밥을 양껏 먹지 못하고 고구마나 감자를 먹었지만, 아버지는 최소한 끼니를 굶진 않았다. 할아버지는 자식에게 '부지런함'이라는 가장 큰 자산을 물려줬다.

어느 날, 아버지는 할아버지와 나무를 하러 갔다. 할아버지는 어린 아버지에게 맞춤형 지게를 만들어 주었다. 할아버지는 아버지에게 일을 시키려 했던 것이 아니라 아버지와 함께 가는 것이 좋았던 것 같다. 아버지는 군말 없이 작은 지게를 어깨에 메고 할아버지의 뒤를 따랐다. 그런데 얼마 가지 않아 눈물을 흘리고 말았다. 어린 나이에 지게를 지는 게 힘들기도 하고, 동네에 남아 있을 친구들과 놀고 싶었기 때문이다. 할아버지는 어린 아들이 울자 버드나무 가지를 낫으로 베어내 그것을 다시 손바닥 반만큼 적당한 길이로 잘랐다. 그 다음에는 양손으로 조심스럽게 가지를 비틀어 미끌미끌한 나무와 껍질을 분리해 빨대 모양으로 만들어 그 끝을 입에 가져다 댔다.

"삘 릴리 삘 릴리"

할아버지는 직접 만든 버들피리를 아버지에게 건네주었다. 아버지는 버들피리를 불며 마음을 달랠 수 있었다. 아버지는 이렇게 할아버지를 추억했다.

"장 서는 날이나 다른 집 잔치가 있을 때, 아버지는 줄곧 나만 데리고 다녔지."

큰고모 말에 따르면 할아버지 성격이 좀 유별났다고 한다. 할아버지가 어디선가 꿀을 가져왔는데, 그 꿀을 아버지에게만 먹였다고 한다. 아버지는 남자이고 장남이라는 이유로 특별대우를 받았던 것이다. 그러나 아버지는 살면서 그런 것을 느끼지 못했다.

"그때야 다 그런 시절이었지. 여자보다 남자를 챙기고, 차남보다 장남에게 더 잘해주고."

아들을 선호하고 그중에서도 장남을 선호하던 때였다. 그렇다고 뭔가 엄청난 혜택을 받은 것은 아니었다. 오히려 아버지는 장남이란 이유로 형제들을 위해 희생해야 했다.

할머니 본명은 최복순이다. 그러나 주민등록상에는 김점순으로 되어 있다. 아버지는 김점순이 누구인지 모른다. 아마 할아버지가 할머니를 만나기 전에 김점순이라는 분과 부부의 연을 맺은 것으로 보인다. 두 분이 헤어진 건지 아니면 김점순이라는 분이 돌아가신 것인지는 알 수 없다. 할머니는 평생을 김점순이란 이름으로 살았다. 당시에는 지금처럼 가족 관계 서류를 국가 차원에서 정교하게 관리하지 않았다. 게다가 할아버지와 할머니는 글을 읽고 쓸 줄 몰랐다.

할아버지에게 김점순이라는 묘령의 여인이 있었다면, 할머니에게는 숨겨진 아들이 한 명 있었다. 아버지는 지금까지도 그분에 관한 몇 가지 기억이 있다. 할아버지가 살아계실 때 아버지의 이부형님이 몇 번 찾아왔었다. 그때마다 할아버지는 그 형에게 잘 대해주었다. 후에 할아버지가 돌아가신 이후에도 이부형님이 아버지를 찾아온 적이 있다. 그때 이부형님은 한국전쟁 참전 이후 다리를 크게 다쳐 양쪽에 목발을 짚고 있었다. 이후 아버지는 이부형님을 본적이 없다. 아마 이부형님은 아버지를 동생으로 여겼을 것이다. 아버지는 그때 만남을 이렇게 회상했다.

"당시만 해도 머슴 살던 시절이라 삶이 어려웠어. 그 형님도 나도 서로를 도와주고 싶어도 도와줄 게 아무것도 없었지. 나도 한국전쟁 때 아버지가 돌아가시고 힘들었지만 다리를 다친 그 형님은 정말 힘들게 살았을 테고……."

## 서당 다니기

아버지는 7살부터 3년 동안 서당에서 한문을 배웠다. 당시만 해도 국민학교는 강진면 갈담리에 있었는데 거리도 멀고, 학교에 다닐 만한 형편도 아니었다. 가리점에 사는 다른 또래 아이들도 마찬가지였다. 마을에서 국민학교에 다니는 아이는 한 명도 없었다. 애들은 무럭무럭 자라는데 가르칠 사람이 없자 마을 어른들이 선생님 한 분을 모셔왔다. 산골마을 선생님은 순창군 인계면 임초리 출신이었다. 예부터 그 마을에는 학자가 많았다. 수업 장소는 매번 달랐지만 주로 사랑채가 있는 집으로 아이들이 모여들었다. 선생님은 마을 어른들로부터 숙식과 곡식을 받았다. 당시 선생님은 아이들을 가르치는 것 외에도 사주도 봐주고, 결혼 날짜도 잡아주면서 그 대가로 짬짬이 돈을 벌었다.

아버지는 매일 아침 서당으로 향했다. 어른들이 쉬지 않고 일하는 것처럼 아이들도 휴일의 개념이 따로 없었다. 서당에는 『천자문』, 『소학』, 『명심보감』 같은 책이 있었는데, 선생님이 글을 읽으면 아이들은 입을 모아 따라 읽었다. 붓으로 이리저리 글자도 써보고 선생님을 흉내 내어 한문으로 시를 짓기도 했다. 한문을 읽고 쓰던 시절이라 따로 한글은 가르치지 않았다. 개중에는 서당에 가기 어려운 아이들도 많았다. 배우는 것보다 먹고사는 게 중요했던 시절이었다. 따로 자식을 교육시킬 만큼 여윳돈이 있는 사람도 흔치 않았다. 30여 채 집들 중에 함께 공부하는 아이들은 열 명 남짓이었다. 이와 달리 아버지는 서당에 빠짐없이 나가 한문을 배웠지만 좀처럼 실력이 늘지 않았다. 어머니가 불쑥 아버지에게 물었다.

"아니, 서당을 3년이나 다니고도 어떻게 한문을 하나도 몰라."

아버지는 스스로 머리가 나쁘다고 여기지 않았다. 모름지기 공부란 집에 어느 정도 책도 있어야 하고, 공부를 할 수 있는 환경이 되어야 한다. 특히 한문은 끊임없이 읽고 써야 익힐 수 있다. 그러나 아버지에게는 한문을 가르쳐 줄 사람은커녕 책 한 권도 없었다. 까막눈인 농부의 자식이 아무리 7살 때부터 한문을 배웠다고 한들 글을 깨치는 것은 쉽지 않았을 것이다.

아버지가 머슴이었을 때 서당 선생님을 우연히 만난 적이 있었다. 선생님은 아직도 한문을 많이 기억하느냐고 물었다. 그때 아버지는 아무런 대답도 하지 못했다. 선생님은 아버지에게 계속 공부하지 않으면 다 까먹는다고 했다. 아버지보다 한 살 많은 조카 송정해도 아버지와 함께 서당에 다녔다. 심지어 그 조카는 아버지보다 더 오래 서당에 다녔다. 그러나 조카도 한문에 대해서는 까막눈이나 다름없다. 배움에 대한 아쉬움을 묻자 아버지는 단호하게 답했다.

"창피할 게 뭐 있냐! 당장 입에 풀칠하는 게 중요한데 공부는 무슨, 뭐 내 나이 예순이 넘었으니까 이제 장사도 접었겠다, 공부나 한번 해볼까 하는 생각도 들더라. 그런데 다 늙어서 배우면 뭐하랴."

오늘날 아버지는 글을 읽고 그 의미를 충분히 이해할 수 있다. 또 계약서를 쓸 때 필요한 한자 정도는 알고 있다. 이는 교육을 따로 받은 게 아니라, 필요에 따라 생활 속에서 깨우친 것이다.


## 가짜 피난길에 오르다

한국전쟁 당시 아버지의 나이는 10살이었다. 임실의 행정조직을 접수한 공산당은 '소년단'이란 명칭으로 아이들을 모으고 노래를 가르쳤다. 소년단에는 단장도 있었는데 공산당이 임실의 행정을 운영할 때는 특별한 일이 없었다. 그러나 1950년 9월 15일, 인천상륙작전 이후 아버지와 가족들은 물론 마을 사람 모두 피난을 가야했다. 이때 서울 남쪽에 고립된 공산주의자들은 북쪽으로 후퇴하지 못하고, 산속으로 숨어들어 빨치산이 되었다. 전라북도 공산주의자들도 회문산으로 모여들었다. 가리점은 회문산 산골짝에 있었기에 국군과 빨치산의 전투 장소가 될 수밖에 없었다.

빨치산 이백 여명이 가리점에 나타났다. 그들은 군복을 입지 않았고 무장 역시 빈약했다. 열 명 중에 총을 지닌 사람은 두세 명에 불과했다. 나머지는 죽창이나 몽둥이를 들고 있었다. 그들은 이리저리 흩어져 남의 집에서 먹고 자며 자기들끼리 회의를 했다. 갑자기 나타난 빨치산으로 온 마을이 북적였다. 아버지가 살던 집에도 빨치산이 머물렀는데 방 두 칸에 안방에는 식구들이, 행랑채에는 10여 명의 빨치산이 생활했다. 빨치산과 마을 사람들은 서로를 경계하지 않았다. 마을 사람 중에는 빨치산과 아는 사이이거나 친척인 경우도 더러 있었다. 아버지의 기억 속 빨치산은 마을 사람의 식량을 빼앗지 않고 스스로 조달했다. 어느 날엔가 소를 잡아먹은 빨치산들이 마루와 마당에서 소가죽을 갈라 신발을 만들고 있었다. 할아버지가 빨치산에게 말했다.

"우리 아들 신발도 하나 만들어 줄 수 있소?"

빨치산은 "예"하고 화답했다. 그러나 그 신발은 끝내 받지 못했다. 어느 날부터 국군이 나타났던 것이다. 빨치산은 재빠르게 산속으로 숨어 들어갔다. 낮에는 국군이, 밤에는 빨치산이 나타났다. 빨치산 네다섯 명이 함께 나타났다. 할아버지는 선산에 작은 방만한 피난용 굴을 파두기도 했다. 마을 사람 대부분이 피난을 가고, 몇 집 남지 않았을 때였다. 국군이 마을에 쳐들어왔다. 그들 중 한 명이 할아버지에게 총을 겨누었다.

"빨갱이들 다 어디 있어? 너희는 왜 여기 남아 있는 거야?"

어린 아버지는 숨을 죽이고 눈만 깜빡였다. 그때 산기슭에서 한 남자가 나타났다. 국군은 재빠르게 그를 향해 총을 쏘았다. 남자는 즉시 도망

쳤는데 그가 정말 빨치산인지 아니면 민간인이었는지는 알 수 없다. 할아버지와 빨치산의 관계에 대한 국군의 의심은 풀리지 않았다. 하지만 집안에는 할아버지 말고도 할머니, 고모, 아버지, 작은아버지까지 온 가족이 함께 있었다. 이를 본 국군은 할아버지에게 가족들과 빨리 마을을 떠나라는 말만 반복했다. 더는 국군의 말을 거역하기 어려웠던 할아버지는 어떻게든 움직여야 했다. 아버지와 가족들은 마을이 있는 골짜기와 섬진강이 만나는 곳까지 걸어간 다음, 섬진강을 따라 한참을 걸어 다시 집으로 돌아왔다. 결국 아버지의 식구들은 국군의 위협에 짓눌려 가짜 피난을 갔다 온 것이다.

며칠 뒤 온 식구는 진짜 피난길에 올랐다. 할아버지와 어린 아버지는 지게에 살림을 짊어지고, 할머니는 보따리를 머리에 얹고, 고모는 작은아버지를 업은 채 마을 입구 골짜기를 빠져나왔다. 징검다리가 놓인 곳에서 섬진강을 건너 강진면 필봉리로 갔다. 섬진강댐 아래는 여름이 아니면 강이 그리 넓지도 깊지도 않았다. 당시 고모는 14살, 아버지는 10살, 작은아버지는 6살이었다. 회문산과 섬진강 사이에 있는 필봉리는 비교적 안전했다. 이곳은 가리점보다 마을 규모도 컸는데 이곳에는 둘째 고모할머니가 살았다. 기록에 따르면 1951년 3월, 군인과 경찰이 회문산을 포위하고 대대적인 전투를 벌였다. 아버지는 이때 국군과 빨치산의 전투를 보지 못했다. 그저 빨치산이 회문산에 땅굴 기지를 파두고 밤만 되면 마을 주변을 어슬렁거린다는 소문만이 무성했다.

1951년 7월 16일, 유독 더운 여름이었다. 할아버지가 땀을 뻘뻘 흘리며 며칠 동안 구토와 설사를 반복했다. 그는 방 한가운데 누워 있었고 아내와 아들, 딸과 일가친척이 그 주위에 둘러앉았다. 정확한 원인을 아는 이는 없었지만 사람들은 할아버지가 돌림병에 걸린 게 틀림없다고 했다. 하지만 그들 중 병원 문턱을 넘어본 이가 없었기 때문에 이 병이 흔히 말하는 염병인지, 아니면 다른 병인지는 알 길이 없었다. 할아버지는 숨을 거두기 직전 아버지의 손을 꼭 잡고 말했다.

"내 뼈를 공동묘지 가장자리에 묻어라."

시신을 묘지 안쪽에 묻으면 다른 유골과 뒤섞여 자신의 시신을 영영 잃어버릴지도 모른단 두려움 때문이었다. 당시까지만 해도 한국전쟁 중이라 언제 어떤 일이 벌어질지 몰랐다. 아버지는 할아버지 말대로 시신을 잘 찾을 수 있는 곳에 묻었고, 후에 가리점에 있는 선산으로 이장했다. 아버지는 할아버지의 죽음에 대해 담담하게 말했다.

"아버지가 돌아가신 것에 대해 속상하거나 원망하는 마음은 하나도 없다. 모든 게 다 지나간 일이고 중요한 건 지금 잘 사는 거니까. 그래야 더 잘 살 수 있지."

아버지는 피난 당시 헛것을 보았던 기억에 대해서도 이야기했다. 제대로 된 끼니를 챙기기 어려운 시절이었다. 몸은 자꾸만 허약해졌고 어느 날 천장만 보고 누워 있었다. 그런데 어느 날 천장을 보는데 갑자기 눈앞에 빗자루 같은 게 빙빙 날아다녔다고 한다.

"어떤 사람들은 귀신이 있다고 하는데 세상에 귀신같은 건 없다. 그때 있었던 일을 생각해 보면 몸이 허약해졌을 때 보이는 게 귀신인 것 같다."

할아버지가 돌아가신 이후 식구들의 삶은 더 궁핍해졌다. 할머니가 식량을 구하기 위해 산에서 캐온 버섯이 독버섯인 적도 있었다. 그날 밥 한 숟갈 없이 버섯만 삶아 먹은 가족들은 밤새 앓아누웠다고 한다. 그때 아버지는 배가 아프고 천장이 뱅뱅 도는 걸 느꼈다. 또 어떤 날에는 소나무 껍질 죽과 소나무 껍질 개떡, 밀기울 죽을 먹기도 했다. 이런 것들은 춘궁기에 먹는 것으로 여기 들어간 소나무 속껍질과 밀 찌꺼기는 성인 남자도 소화하기 힘들 만큼 억세다. 밀기울 죽을 먹을 때마다 아버지는 뱃속이 따끔거렸다고 한다.

할머니는 선산을 제외한 집터와 논 3마지기 그리고 삼밭을 팔았다. 이때 선산을 남겨둔 것은 그 산에 증조부모의 산소가 있었기 때문이다. 아버지와 식구들은 이때 정리한 토지로 1년 여간 생활한 뒤 하나둘 뿔뿔이 흩어졌다. 고모는 전주로 식모살이를 갔고, 할머니와 작은아버지는 전주와 부안 사이에 있는 절에 들어갔다. 할머니는 그 절에서 밥과 빨래를, 작은아버지는 잔심부름을 하며 먹고살았다. 아버지는 둘째 고모할머니 집에 맡겨졌다. 이때 고모는 17살, 아버지는 13살, 작은아버지는 9살이었다. 이후 아버지는 딱 한 번 할머니와 작은아버지를 만났고, 20대 초반까지 할머니와 작은아버지는 물론, 고모가 살았는지 죽었는지 아무것도 모른 채 살았다.


## 곶감 사건

아버지는 둘째 고모할머니 집에서 꼬박 1년을 살았다. 아버지에게 고모는 오갈 데 없는 조카를 거두어 먹이고 재우고 입힌 고마운 사람이다. 그러나 아버지는 그 집에서 누가 봐도 황당하고 억울한 일을 겪었다. 당시 임실은 곶감 농사로 유명했다. 둘째 고모할머니 집도 가을이 되자 풍성하게 익은 곶감을 수확하기 시작했다. 그런데 이 귀한 곶감을 그 집 딸내미가 가족들 눈을 속여 몰래 내다판 것이다. 물은 이미 엎어졌는데 두 모녀는 이 사실이 당숙에게 알려질 것을 걱정했다. 그러던 어느 날 고모할머니가 아버지의 눈앞에서 뭔가를 잡고 달랑달랑 흔들어댔다.

"딸랑딸랑, 딸랑딸랑"

맑은 풍경 소리가 짧고 경쾌하게 울려 퍼졌다. 무당이 점괘를 볼 때 사용하는 방울이었다. 방 안에는 방울을 흔드는 고모할머니와 그의 딸 그리고 또래 아이들 몇몇이 빙 둘러 앉아 있었다. 일순간 방울 소리가 멎고 고모할머니는 아버지의 눈을 똑바로 쳐다보며 말했다.

"네가 모두 먹었구나! 곶감 말이다."

이 모든 건 모녀의 철저한 계획 하에 이루어졌다. 두 사람은 삽시간에 아버지를 곶감 도둑으로 몰아갔다. 아버지는 이후 어떻게 되었는지는 기억이 나지 않는다고 했다. 하지만 지금까지 그날의 장면과 울려 퍼지는 방울소리까지 똑똑히 기억하는 걸 보면 그때 억울함은 쉬이 잊히는 게 아니었던 것 같다. 아버지는 그때 사건에 대해 이렇게 말했다.

"여럿이 사람 한 명 바보 만드는 건 일도 아니지!"

그러나 서러운 시절에도 아버지에게 좋은 감정으로 남은 사람이 있었다. 아버지에게는 고종사촌 형님인 당숙이었다. 당숙의 이름은 송용현으로 불같은 성격의 이면에 따스한 인정을 지닌 사람이었다. 그는 곶감

사건이 모녀의 소행임을 알았던 것인지 아니면 정말 마음이 관대했던 것인지 그날 일로 아버지에게 아무런 말도 하지 않았다. 실제로 아버지와 당숙은 나이가 꽤 차이 났음에도 서로가 서로에게 허물없이 어울려 지냈다. 아버지는 18살부터 당숙 송용현으로부터 많은 도움을 받았다. 아버지는 청평에 살 때 설과 추석 같이 명절 때만 되면 마석 답내리에 사는 당숙을 찾아뵙곤 했다.

# 2장

## 머슴일 때는 매일 질질 짰지!

· · ·

아버지의 첫 사회생활은 머슴살이였다. 전쟁 이후 먹고사는 것은 쉬운 일이 아니었고, 둘째 고모할머니라고 형편이 다를 건 없었다. 결국 아버지는 스스로 먹고살기 위해 머슴이 되어야 했다. 비교적 여유가 있는 농부의 집에서 모내기, 김매기, 풀베기 등 잡다한 일을 하고 숙식과 쌀을 받으며 생활을 해나갔다. 이때 머슴은 우리가 영화나 드라마에서 봤던 조선 시대 머슴과는 달랐다. 조선 시대 머슴이 양반집 노예가 되어 주인 말에 무조건 복종해야 했다면, 이때 머슴은 주인의 의사와 상관없이 언제든지 다른 집으로 옮겨갈 수 있었다. 조선의 머슴이 주인의 의사에 따라 다른 집에 팔려가거나 목숨을 잃었던 것과는 달랐다. 당시 머슴은 오늘날 회사원처럼 정해진 일을 하고 급여를 받았다.

그러나 머슴이 되기에 아버지는 너무 어렸다. 아버지는 자신이 몇 살 때 머슴살이를 시작했는지 정확하게 기억하지 못했다. 대충 14살쯤이었던 걸로 추측할 뿐이다. 무릇 이정도 나이면 학교에 가지 않더라도 부모에게 많은 것을 보호받아야 한다. 그러나 아버지에게는 그런 것 또한 사치였다. 어리광을 부릴 곳도, 아프다고 말할 곳도, 몸이 힘들 때 위로해 줄 수 있는 사람도 없었다. 모든 것을 스스로 해결해야 했다.

머슴살이의 대가로 주인집으로부터 삼시 세끼는 물론 해마다 광목으로 만든 옷 두 벌과 쌀을 받았다. 당시만 해도 돈이 귀하던 때라 돈 대신 쌀과 벼 같은 곡물을 주었다. 주인집은 어마어마하게 잘 산다기보다는 삼시 세끼 굶지 않는, 흔히 '밥은 먹고 사는 집'이었다. 휴일은 명절 앞뒤로 며칠을 제외하고는 없었다. 주인이 나쁘다기보다는 쉬는 게 어떤 건지 모르던 시절이었고, 그런 문화가 머슴살이에도 그대로 반영된 것이었다.


## 소년은 여전히 우는 법을 모르고

처음 머슴살이를 시작한 곳은 임실군 바로 아래 순창군 인계면 임초리였다. 이 마을에 아버지의 먼 친척이 살았다. 아버지가 이 집에서 일할 때 겪었던 일화를 적어본다.

어느 해 가을, 어린 아버지는 운동회를 손꼽아 기다리고 있었다. 요즘 학교에서 하는 운동회는 학생과 그들의 부모만이 참여하는 작은 행사이다. 그러나 당시에는 군, 면 같은 농촌은 물론 서울 같은 대도시에도 볼거리가 풍성하지 않았다. 따라서 시골에서는 학교 운동회가 동네 사람 모두가 참여하는 잔치 같은 거였다. 동네 사람들은 학생들이 펼치는 기마전, 100미터 달리기, 릴레이 달리기 같은 경기를 구경하고, 직접 경기에도 참여했으며, 소리 지르며 즐겁게 응원했다. 그러나 운동회 당일 아침, 무심한 주인이 아버지를 불렀다.

"소한테 먹일 풀을 베어와라!"

주인은 아버지만 빼고 자기 가족들끼리 운동회에 갔다. 열네 살, 요즘으로 치면 한참 놀아야 할 나이에 운동회 구경도 못 가고, 소한테 먹일 풀을 베러 갔다. 그때 아버지는 풀을 베러 가는 길 내내 훌쩍였다고 한다. 그러나 아버지는 그 당시 집 주인을 욕하지 않았다.

"항렬로만 따지면 내가 할아버지나 마찬가지지. 주인은 내가 어렸음에도 같은 종씨라는 이유로 받아준 셈이기도 하고 말이야. 집안일을 돕는다는 대가가 있었지만 밥과 잠자리를 해결하는데 도움을 준 것이지."

아버지는 순창읍 사람들을 대상으로 나무 장사를 했다. 당시는 한국전쟁 직후라 에너지를 생산하는 산업 시설을 아무것도 갖추지 못했다. 석탄이나 석유는 물론 전기 같은 건 구경조차 하기 어려웠다. 어느 날 주인이 아버지에게 말했다.

"순창읍 시장에 가서 나무를 팔고 와라."

아버지는 산에서 나무를 베고 지게를 짊어지고 내려가 순창읍 시장에 내다 팔았다. 땔나무 한 짐에 어른은 10원을 받고, 아버지 같은 어린아이는 7원을 받았다. 한 철 나무 장사는 초봄과 늦가을 그리고 한겨울에 이루어졌다. 나무를 베는 일은 아주 이르거나 계절의 끄트머리에 급히 시작했다. 봄부터 가을까지는 농사 일로 바빴고 겨울에는 농한기라 일이 거의 없었다. 땔나무는 추울 때면 늘 필요했기에 어린 아버지는 겨우내 산에서 나무를 베었다. 톱으로 소나무를 베고 장작으로 쓰기 좋게끔 도끼를 내리쳐 반으로 쪼갰다. 차곡차곡 쌓은 장작용 소나무가 한겨울 한기에 마르기 시작하면 지게에 실어 장이 열리는 마을로 갔다.

추운 겨울, 무명 저고리를 걸친 채 꼬박 30리를 걸었다. 잠깐씩 쉴 때마다 넓은 소매 사이로 추위가 엄습했다. 다행히 걸을 때만큼은 춥지 않았다. 문제는 시장에서 추위를 견디는 일이었다. 어린 아버지는 찬바람을 정면으로 맞아야 했다. 몸을 웅크린 채 코를 훌쩍이다 보면 뜨문뜨문 장작을 사갈 손님이 나타났다. 이때 손님은 주로 살림하는 여자들이었다. 시장에는 아버지 말고도 아이들과 어른들이 저마다 자신이 베어온 나무를 팔기 위해 옹기종기 모여 있었다.

아무리 일이 힘들더라도 즐거움은 있기 마련이다. 아버지에게도 즐거움이 하나 있었다. 그것은 군고구마였다. 먹을 것이 귀하던 시절이라 군고구마 사 먹는 일은 소소한 즐거움이었다. 아버지는 나무를 팔고 받은 돈 7원 중에 5원은 주인을 갖다 주고, 나머지 2원으로 군고구마를 사 먹었다. 그러나 그때 군고구마는 간식이 아니라 한 끼 식사였다. 쌀, 보리 등 식량이 귀하던 시절이라 별도로 도시락을 싸거나 시장에서 국밥을 사먹을 수 없었다.


## 14살 소년이 동생을 업고 고갯길을 넘다

아버지가 임초리에서 머슴살이할 때 작은아버지가 찾아온 적이 있다. 이때 작은아버지는 10살이었는데 먹을 길 제대로 먹지 못해 몸이 왜소했다. 할아버지가 돌아가신 이후 할머니를 따라 떠돌이나 마찬가지인 생활을 하고 있던 터라 생활이 넉넉하지 못했을 것이다. 아버지는 작은아버지가 찾아온 사실과 그날 밤에 있었던 일을 기억하지 못했다. 작은아버지는 본인 나이 예순이 넘어서야 눈물을 글썽이며 어머니에게 이 이야기를 했다. 어느 날, 작은아버지는 할머니 손에 이끌려 어떤 집에 갔다. 그 집이면 친척 집인지, 할머니 지인의 집인지는 알 수 없다. 할머니는 그 집에 작은아버지를 맡기고 며칠을 돌아오지 않았다. 그때 할머니에게 무슨 일이 있었는지 아는 사람은 가족 중에 아무도 없다.

홀로 남겨진 작은아버지는 쪽마루에 앉아 하염없이 할머니를 기다렸다. 낯선 주인은 몸까지 아파 골골대는 아이에게 은근히 눈칫밥을 주었다. 작은아버지는 계속해서 자신의 엄마를 기다렸다. 그러나 할머니는 돌아오지 않았고 작은아버지는 결국 지치고 말았다. 작은아버지는 그 집에서 나와 어떻게 알았는지 한참을 걸어서 아버지를 찾아왔다. 그러나 그때 아버지는 힘들게 걸어온 동생에게 단호하게 말했다.

"나도 벌어 먹고살기 힘들다. 그러니까 찾아오지 마라."

아버지는 이 일을 기억하지 못했다. 아버지는 자신의 동생인 작은아버지를 보살필 마음이 없었던 게 아니다. 아버지는 결혼 이후에도 작은아버지를 위해 보증을 서고, 몇 번씩이나 자신의 돈 일부를 빌려주기도 했다. 이렇게 했던 것은 동생이었기 때문이다. 작은아버지도 그때 아버지가 왜 그렇게 말했는지 충분히 이해할 것이다. 그날 밤, 아버지에게는 어린 소년이 감당하기 쉽지 않은 일이 있었다. 한밤중에 아버지는 작은아버지를 업고 고개를 넘었다. 작은아버지는 아버지의 등에 업힐 만큼 왜소했다.

하늘에는 별이 떠있고  길 양쪽으로 나무숲이 펼쳐져 있었다. 사람의 인기척이라곤 하나 없는 산속 고개였다.

"형, 무서워, 형, 무서워"

그러나 아버지는 우는 동생을 달래는 방법을 알지 못했다. 결국 어린 형제는 서로를 부둥켜안고 함께 울고 말았다.


## 어린 소년, 족보와 제사를 챙기다

처음으로 머슴살이할 때였다. 아버지는 같은 종씨인 한병희의 도움을 받아 가싱을 만들었다. 가싱은 족보의 축약본으로 한병희는 한문을 잘 알고 있었다. 그는 세로 높이가 어른 손바닥보다 조금 크고, 가로는 1미터가 넘는 긴 두루마리 창호지에 청주 한씨의 중시조인 '한란韓蘭'부터 할아버지까지 이어지는 족보를 써 주었다. 아버지는 어디를 가든 가싱을 잘 접어 소중히 했다. 이후 가싱을 토대로 족보를 만들었다.

당시 조상을 챙기는 것은 장남이 맡아서 할 일 중 하나였다. 아버지는 어렸지만 그것을 잘 알고 있었다. 아버지는 머슴살이를 할 때도 집안의 제사를 꼭 챙겼다. 설과 추석 때는 꼭 피난살이를 했던 강진면 필봉에 갔다. 그곳에는 할아버지의 무덤이 있었다. 아버지는 둘째 고모할머니 집에서 하루를 보내고 다음 날 간단한 음식을 아버지의 무덤 앞에 올려놓고 홀로 제사를 지내곤 했다. 족보와 제사를 챙기는 건 개인의 역사이자 집안의 역사이다. 이는 정체성을 만들고 개인과 집단에 영향을 끼친다. 누구나 정체성을 잃으면 자존감이 낮아지고 스스로 혼란에 빠진다. 특히 아버지처럼 어린 나이에 혈혈단신이 된 사람에게 정체성의 혼란은 다른 사람들보다 더 크게 나타난다. 아버지에게는 당신의 조상이 누구이고, 아버지가 누구이며, 그들과 교감을 해야 한다는 본능, 또는 아버지와 주변 어른들로부터 교육받은 깨달음이 있었다. 이러한 깨달음은 아버지 자신의 정체성과 자존감을 지키고, 스스로 나쁜 길로 빠지지 않고 자립하는데, 최소한의 방패막이 되었다.


## 두 번째 머슴살이


전라도와 경상도를 기준으로 쌀 1말은 16킬로그램이다. 현재 쌀 1말은 특별한 가치가 없다. 그러나 아버지가 머슴 살던 시절, 쌀의 가치는 지금과 달랐다. 당시 농촌에는 봄이면 춘궁기가 있었다. 춘궁기면 쌀이 부족했기에 쌀의 값어치가 매우 컸다. 도시에 사는 여성 중에는 삼시 세끼를 해결하기 위해 농촌으로 시집을 가기도했다.

아버지는 1년 동안 쌀 다섯 말을 받고 임실군 덕치면에서 머슴살이했다. 아버지는 처음 머슴살이할 때보다 나이도 더 먹고, 덩치도 더 커졌다. 그러나 어린 소년의 삶이 외롭고 고달픈 건 이전과 매한가지였다. 아버지는 언제나 일찍 일어나 땔나무를 하고, 소먹이 풀을 베고, 농사철에는 모내기, 김매기, 밭갈이를 하고, 그 외에도 집안의 잡다한 일을 도맡아야 했다.

아버지는 며칠에 한 번씩 깔을 베기 위해 덕치 국민학교 바로 옆 논과 밭으로 갔다. 이 학교 앞에는 맑은 섬진강이 흘렀고, 언제나 학생들이 공부하는 소리가 들렸다. 어느 날 아버지가 지게를 세워놓고 낫으로 깔을 베고 있는데, 국민학교 학생들이 구구단을 외는 소리가 들려왔다.

"이일은 이, 이이는 사, 이삼은 육"

그때마다 아버지의 마음에서는 부럽고 학교에 다니고 싶다는 마음이 솟구쳤다.

나는 군 제대 이후 김용택 시인의 「섬진강」과 「맑은날」 같은 시를 찾아 읽곤 했다. 한 평론가의 말에 따르면 이 시는 '남겨진 사람은 떠난 사람을 그리워하고, 떠난 사람은 남겨진 사람을 그리워한다'고 한다. 만남과 헤어짐의 과정은 1960년대와 1970년대 산업화와 도시화 과정에서 숱하게 일어났다. 아버지가 임실과 섬진강을 떠난 것은 1958년이었으니 이제 막 사람들이 도시로 몰려들었을 때다. 1948년에 태어난 김용택 시인은 덕치 국민학교를 다녔고, 오랫동안 이 학교에서 교편을 잡고 시를 썼다고 한다.


## 쌀 한 가마 받고, 세 번째 머슴살이


아버지가 성실하게 일한다는 소문이 옆 동네까지 퍼졌다. 당고모 남편의 소개로 1년에 쌀 한 가마를 받기로 하고, 아버지는 2년간의 머슴살이를 다시 시작했다. 처음 머슴살이를 할 때는 숙식과 입는 것밖에 못 받았는데, 그다음에는 먹고 자는 것 외에도 곡식을 다섯 말 정도 받는 수준이 되었다. 또 17살이 되었을 무렵에는 쌀 한 가마를 받는 일꾼이 되었다. 그만큼 아버지의 신체적, 정신적 능력이 향상됐고 그에 맞는 대우를 받았다. 아버지는 능력만큼이나 자기 앞에 놓인 외로움과 삶의 어려움을 극복하는 능력도 좋아졌다. 그렇지만 머슴살이는 고달픔의 연속이었다.


## 똥장군을 내리다 발등을 다치다


아버지의 오른쪽 종아리에는 큰 상처가 남아있다. 1950년대 농촌에서는 비료 대신 똥을 사용했다. 아버지는 머슴살이할 때 똥장군을 날라야 했다. 똥장군은 프랑스 사람들이 포도주를 담그는 나무통처럼 생겼는데, 농부들은 똥장군 안에 똥과 잿물이 섞인 걸쭉한 똥물을 넣어 지게를 메고 가서 밭에 뿌려주곤 했다.

똥장군은 성인이 짊어지기에도 무거웠다. 똥통 안쪽을 꽉 채우지 않으면 길을 걸을 때 사람과 지게의 반동 때문에 똥물이 출렁거리면서 넘칠 위험이 있었다. 아버지는 똥장군을 메고, 조심스럽게 밭까지 걸어갔다.

밭에 도착한 후, 아버지는 지겟다리로 지게를 고정했다. 그다음에 아버지가 똥장군을 내리려 하자 일이 벌어지고 말았다. 지게가 앞으로 쓰러지면서 똥장군이 발등의 힘줄과 핏줄을 짓누른 것이다. 처음에는 미세한 통증만 있고 견딜 만했다. 그러나 점차 발등이 퉁퉁 부어오르더니 급기야 고름이 맺혔다.

고름이 잡히자 걸을 수도 없을 만큼 아팠다. 그러나 시간이 지나자 고름이 저절로 터졌고 그때부터 통증은 잦아들었다. 상처는 결국 고름을 다 짜낸 후에야 저절로 아물었다. 요즘 같으면 다치자마자 바로 병원에 갔을 것이다. 이정도 부상은 찜질하고, 약을 바르고, 며칠 쉬면 아무렇지도 않게 낳았을 수 있다. 그러나 당시에는 가까운 곳에 병원도 없었고, 병원에 가야 한다는 생각조차 못했던 시절이었다.

아버지는 지게를 메고 힘들게 걸어서 거름을 나르는 등 농사일을 해야 했다. 찔끔찔끔 눈물이 계속 나왔다. 아버지가 다리에서 고름이 흐르는 채로 일하러 갈 때였다. 주인집 딸이 아버지의 상처를 보더니, 깨끗한 광목천으로 상처 난 곳을 감싸주었다. 아버지는 이 순간에 대해 이렇게 회상했다.

"아픔이 가시지는 않았지만, 그래도 그 마음이 고마웠지."

아버지는 이 일과 관련해 주인을 욕하지 않았다.

"이때 사람들은 이 정도의 상처가 생겨도 쉬지 않고 일을 하기도했어. 물론 주인이 괜찮은 사람이라면 일을 안 시켰을 수도 있지. 또 아버지가 살아계셨다면 일을 시키지 않고, 며칠 쉬게 했겠지."


## 머슴일 때는 매일 질질 짰지!

아버지가 17살 또는 18살 때였다. 아버지는 할머니와 작은아버지가 있는 절을 찾아갔다. 흔히 절하면 고요한 풍경소리에 맞춰 스님들이 경을 읽거나 수련을 하는 곳으로 생각한다. 그러나 할머니와 작은아버지가 머문 절은 그런 곳이 아니었다. 이 절은 전라도 전주에서 부안으로 가는 길목 어디쯤 있었다.

당시만 해도 큰절에는 항상 떡과 밥 같은 먹을거리가 있었다. 그러나 이 절은 먹을 게 넘쳐나지도 그렇다고 부족한 곳도 아니었다. 스스로 농사를 짓고 시주도 받아서 자급자족하는 그런 절이었다.

절간에 들어선 순간, 아버지의 눈에 띈 것은 절의 주인 혹은 주지 격인 사람이 하얀 무명 옷을 입고, 가야금을 연주하는 모습이었다. 절은 보통 주지의 첫 번째 부인이 관리와 운영을 도맡았고, 주지는 전주 시내에 있는 두 번째 부인의 집에서 지내는 듯했다. 본부인은 뚱뚱한 여자였고, 두 번째 부인은 예쁘장하게 생긴 여자였다. 아버지의 눈에 비친 주지는 스님이라기보다는 한량이었다. 할머니는 이 절에서 밥과 청소를 하고, 작은아버지는 동자승이 되어 농사를 짓고 잔심부름을 거들며 지냈다. 작은아버지도 아버지처럼 무학이었지만 한문을 꽤 알고 있었다. 그 이유는 절에서 필요에 따라 주지격인 사람에게 한문을 배워 불공이나 불사를 할 때 사용했기 때문이다.

아버지는 당신이 할머니와 작은아버지에게 어떤 말을 했는지, 반대로 할머니와 작은아버지는 아버지에게 어떤 말을 했는지 아무것도 기억하지 못했다. 아버지는 이날을 이렇게 회상했다. 아마 서로 힘들었을 때라 나도 그렇고, 할머니와 작은아버지도 별말이 없었던 것 같다. '아, 어머니와 동생이 살아있구나!' 정도를 느꼈다.

새벽에 일어나면 쇠죽을 쑤기 시작했다. 풀을 작두로 자르고, 가마솥에 넣은 다음 끓인다. 당시 많은 집이 소를 키우고 있었다. 소는 귀중한 재산이라 아침부터 소먹이를 만들었다. 낮에는 농사일을 제쳐두고 땔감을 구하러 갔다. 나무를 패러 갈 때는 혼자 가지 않고 동네 사람 몇 명이 모여서 갔다. 하루는 아버지가 땔나무 한 짐을 지고 산에서 내려오다가 그만 발을 헛디뎌 나무 그루터기에 걸려 넘어졌다. 이마가 크게 찢기고 피가 났지만 된장을 듬뿍 얹고 천으로 동여맨 상태로 곧장 일을 해야 했다.

삼시 세끼를 제공받았지만 양껏 먹을 수 있는 건 아니었다. 저녁 식사를 마치면 주인집이나 마을 공동 사랑채에서 잠을 청했다. 머슴 살던 세 곳 중 한 곳은 주인집에서 잠자리를 제공했고, 두 곳은 자는 곳을 제공하지 않았다. 아버지는 마을에서 잘사는 집의 행랑채를 이용했다. 그곳에 가면 아버지처럼 머슴 사는 사람, 집에 자는 공간이 부족한 사람, 또 놀러 오는 사람이 있었다. 보통 모이면 열 명이었다.

행랑채 주인은 이들을 박대하지 않았다. 아침이 되면 쇠죽을 끓여야 했기에 군불도 뜨끈하게 불을 때 주었다. 이때는 거름이 귀했던 때라 주인은 행랑채에서 자는 10여 명의 똥과 오줌을 모아 거름으로 사용했다. 게다가 모내기 철이 돌아오면 행랑채에서 신세를 졌던 사람들이 너도 나도 찾아와 행랑채 주인의 일을 도왔다고 한다.

주인집이나 행랑채에서 잘 때면 저녁마다 쉬지 않고 하는 일이 하나 있었다. 아버지와 10여 명의 사람은 호롱불을 켜고 이야기를 주고받으며 새끼를 꼬곤 했다. 당시 새끼는 생활의 필수품이었다. 행랑채에 모인 사람들은 저녁밥을 먹고 볏짚에 물을 먹인 다음 그것을 길게 늘여 적게는 50발 많게는 100발까지 새끼를 꼬았다. 한발은 성인 한 명이 양팔을 길게 벌렸을 때 한쪽 손끝부터 반대쪽 손끝까지의 거리를 의미한다.

아버지는 열다섯부터는 직접 짚신을 꼬아 신었다. 아버지가 검정 고무신을 신은 게 열일곱 무렵이니 한동안은 신발도 스스로 만들어 신었던 것이다. 늦가을 아침이었다. 마당과 지붕, 들판은 밤새 내린 서리로 하얗게 덮여 있었고, 찬바람까지 불었다. 주인은 아버지에게 소에게 먹일 깔을 베어오라고 말했다.

그 말을 듣는 순간 아버지의 가슴은 둔기로 내리친 것처럼 먹먹했다. 서리가 내린 지 얼마 지나지 않기도 했고 모진 추위에 들판의 풀들도 말라 죽은 뒤라 베어낼 것도 없어 보였다. 게다가 그날따라 몸 상태도 좋지 않아 아버지는 방을 나서면서 눈물을 글썽였다.

그러나 아버지는 주인에게 아무 말도 못했다. 아버지가 말했다.

"머슴살이할 때는 일만 했지, 놀았던 기억은 없다. 그러다 보니 친구에 대한 변변한 기억도 없다."

아버지는 이때를 회상하며 말했다.

"매일 질질 짰지! 과거를 원망해봤자 뭐하냐! 그렇게 해봐야 좋은 일은 하나도 없다. 그때 벌어진 많은 일은 어쩔 수 없는 상황 때문에 벌어졌지!"

사람들은 언젠가 고향으로 돌아가 어린 시절 친구들을 만나고 여유를 만끽하면서, 삶을 마감하길 원한다. 그래서 수많은 시인과 소설가, 음악가들이 '고향의 봄'과 '고향의 흙내음'을 예찬한다. 그러나 아버지는 다른 듯했다. 내가 고향에 모시고 간다고 할 때마다 이렇게 말했다.

"뭐 하러 가냐."

아버지에게는 송정해라는 조카가 한 명 있다. 아버지와 함께 자란 그는 아버지보다 한 살이 많은데도 항상 '아재'라는 존칭을 쓴다. 부모님의 집과 송정해의 집은 오토바이로 5분 거리도 안 된다. 이들은 서로 일을 돕고 음식을 나눈다. 조카 송정해는 군 생활을 가평에서 했다. 이때 인연이 닿아 20대 후반부터 가평에 정착했고, 어느덧 가평에 산 지 50년이 넘는다. 그는 아내와 함께 양계장을 운영하며 경제적으로도 여유를 갖게 되었다. 그는 해마다 자신의 고향인 임실 가리점에 간다. 그러나 아버지는 제사 때를 제외하고는 가리점에 가지 않았다. 아버지는 13살부터 고아나 마찬가지였기에 고향에 가봤자 아버지에게 따뜻함을 베푸는 사람은 한 명도 없었다. 1950년대만 해도 모두가 가난했던 시절이라 자기 한 몸을 건사하는 것도 힘들었다. 이런 때에 아무리 마음씨가 좋은 친척이건, 마을 사람이건, 그 누구라도 아버지에게 일말의 애정이라도 베푸는 것은 쉽지 않았을 것이다.

오늘날 아버지는 본인이 18살에 임실을 떠난 것이 정말로 잘된 일이라고 생각했다. 만약 임실에 더 살았다면 잘 풀려봤자 농사만 짓고 살았을 거라 했다. 아버지는 일찍부터 임실에 미련을 두지 않았기에 빠르게 변화하는 사회 현실을 파악할 수 있었고 경제적으로 자립할 수 있었다. 아버지는 가족들의 아무런 도움을 받지 못했는데도 자신의 삶을 비관적으로 받아들이지 않았다.

"아버지가 하늘나라에서 너 잘살게 해주려고 내가 일부러 일찍 죽었다고 할 것 같구나."

# 임실을 떠나기로 하다

1958년 아버지는 18살이 되었다. 처음 머슴살이를 시작했을 때 아버지는 키가 작고, 겁 많은 소년에 불과했다. 그러나 4년 동안 작은 소년은 스스로 많은 변화를 만들어 냈다. 이전과 비교할 수 없을 만큼 몸집이 커진 건 물론 정신적으로도 강인해졌다. 소년은 임실을 떠나 새로운 곳에서 생활하기로 한다.

아버지는 임실에서 어떠한 희망도 찾을 수 없다는 사실을 본능적으로 깨달았다. 더는 임실에 계속 머무를 이유가 없었다. 할아버지는 이미 돌아가셨고, 할머니와 작은아버지는 절에서 일을 하며, 먹고살고 있었다. 식모살이를 떠난 고모는 살았는지 죽었는지조차 몰랐다. 임실에 남은 건 할아버지가 물려준 선산이 전부였다.

아버지는 맨몸으로 임실을 떠났다. 손에는 차표 한 장 밖에 없었다. 멀리 떠나는 사람이라면 작은 보따리라도 들고 있을 법한데 아버지에게는 그 흔한 옷 보따리도 없었다. 이 시절에는 옷 한 벌로 한 달을 버티기도 했다는데 아버지 역시 임실을 떠날 때 당장 입은 옷 외에는 아무것도 없었다.

마침내 아버지가 도착한 곳은 경기도 남양주 마석 월산리였다. 월산리는 서울과 멀지 않았다. 임실에서 가장 가까운 대도시가 전주였던 걸 비교하면 월산리는 대도시나 마찬가지였다. 1960년, 전주 인구는 188,726명이고, 서울의 인구는 2,441,402명이었다. 서울과 전주의 인구는 서울이 전주보다 약 13배 가까이 많았다. 사람이 많으면 일자리도 많다. 당시 농촌에 살던 많은 청년들이 일자리를 찾아 도시로 이주했다. 월산리는 서울은 아니었지만 임실보다는 먹고살 방법이 확실히 많았다.

가리점 집들이 모두 초가집이었다면 월산리에는 기와집도 몇 채 눈에 띄었다. 아버지가 월산리로 온 이유는 두 가지였다. 첫째는 임실보다 먹고살 방법이 많았고, 두 번째는 월산리에 고향 사람 두 명이 먼저 자리 잡고 있었기 때문이다. 한 사람은 아버지의 고종사촌 형인 송용현이고 다른 한 사람은 송용현과 한 동네에서 자란 동갑내기 김영철이었다. 두 사람은 사글세로 방 하나를 얻은 후 달마다 일정 돈을 지불하며 그곳에서 품팔이를 했다. 당시 당숙 송용현은 이미 결혼을 한 상태로 아들과 딸을 두고 있었다.

송용현과 김영철은 죽이 잘 맞았다. 두 사람이 살던 마을에는 반장이 두 명 있었는데, 바로 송용현과 김영철이었다. 예전에는 반장의 권한이 많았다. 예를 들어 마을에 쌀 배급을 할 때도 반장 중심으로 진행되었다. 반장이 되려면 마을에서 능력도 인정받아야 했고 입심도 강해야 했다. 두 사람은 마을을 주름잡고 다녔다.

모두가 어려운 시절이었다. 아버지는 먼저 월산리에 온 두 사람을 알고 지내면서도 삼시 세끼와 잠자리를 해결하는데 골몰해야 했다. 다른 사람의 농사일이나 땔나무를 해주고, 그 대가로 숙식을 받았다. 때때로 당숙과 김영철이 머물던 사글셋방이나 마을의 사랑채에서 자는 곳을 해결했다. 날품은 꾸준히 할 수 있는 일도 아니었고 또 그 대가가 잠자리와 음식 제공 정도에 불과했기에 처음부터 돈을 모으는 것은 불가능했다. 당시 아버지는 전라도 임실에서 경기도 남양주 월산리로 올라온 떠돌이 날품 노동자에 불과했다.

## 총명하고 성실한 일꾼이 되다

마석 바로 옆은 가평군 청평이고, 청평에서 가평으로 가는 길에 검문소가 있다. 이 검문소에서 북쪽으로 난 도로를 따라가면 가평군 상면 연하리가 나온다. 이곳 연하리와 좀 더 북쪽에 있는 현리 조종면 옆으로 조종천이 흘러간다.

아버지는 당숙 송용현, 김영철과 함께 이곳에서 둑 쌓는 일을 했다. 함바집에서 끼니를 때우며 밤낮없이 일했다. 아버지는 일당으로 돈을 받았고, 그 돈으로 한 달에 한 번 숙식비를 해결했다. 아버지는 당시를 회상하며 정부가 우리 같은 날품 노동자를 먹고살게 하려고 장비 동원을 하지 않았던 것 같다고 했다.

현리 조종면에는 지금도 군부대가 있다. 당시 민간에는 굴착기, 트럭, 불도저 같은 장비가 없었지만, 군대는 그러한 장비를 보유하고 있었다. 따라서 정부는 조종천 둑 공사에 군 장비를 동원할 수도 있었지만 그러지 않았다.

아버지는 이곳에서 1년을 일했다. 둑 공사는 요즘처럼 시멘트와 철근으로 하지 않았다. 흙으로 둑을 쌓고, 그 위쪽에 떼를 입혔다. 아래쪽은 강가의 큰 둘로 덮고, 그 위에 굵은 철사로 망을 만들어 씌웠다. 흙은 주변 논에서 삽으로 푼 다음 지게로 날랐다. 논두렁 주인은 흙을 퍼 나르는 것을 반대하지 않았다. 높낮이가 다른 논이 평평하게 되어 농사를 짓는데 더 편리해졌기 때문이다.

아버지는 흙 나르는 일 외에도 돌을 나르고 철망 씌우는 작업을 했다.

가끔 측량 보조를 하기도 했는데. 측량사가 거리와 방향을 재기 위해 이곳저곳으로 옮겨 다니면, 그에 맞춰 측량 폴대를 들고 서 있었다. 이 일은 무거운 흙과 돌을 나르는 것과 비교했을 때 전혀 힘들지 않았다. 아버지가 측량 보조를 맡은 건 함바집 주인의 추천 때문이었다. 함바집 주인은 아버지와 같은 한씨였는데, 그녀는 아버지가 총명하고 성실하다며 칭찬하곤 했다.

아버지는 조종천 둑 공사가 끝난 직후 바로 산판으로 갔다. 둑 공사를 하면서 알게 된 사람이 아버지에게 일을 부탁한 것이다. 산판 일은 혼자 할 수 없기에 아버지는 임실 중뱅이 마을 친구들을 불렀다. 그들은 연하리 조종천 건너편, 산자락에서 땔나무를 만들었다. 그중 연하리 산판은 산골짝에 있었다. 그러다 보니 나무와 풀, 바위 외에는 사람이 거주할 수 있는 시설이 하나도 없었다.

아버지와 친구들은 작업 첫날 움막부터 만들었다. 톱으로 나무를 자른 다음 기둥을 세우고 칡덩굴로 나무 사이를 단단히 묶었다. 그다음 부드러운 억새를 얹어 산에서 불어오는 바람과 찬이슬을 막았다. 바닥은 돌멩이를 골라내 평평하게 만든 다음 억새를 깔아 땅의 축축함과 바닥의 한기를 막았다. 완성된 움집은 원뿔 기둥 모양으로 북아메리카 원주민의 티피와 흡사했다. 아버지와 친구들은 삼시 세끼 직접 밥을 지어 먹었다. 저녁을 지어 먹고난 후에는 잠자리에 들었다. 벌레 소리, 바람 소리만 들리는 고요한 산속이라 변변한 오락거리도 없었다. 그들은 고단함을 잡담과 우스갯소리로 지우고 어둠이 깊어지면 잠자리에 들었다.

모두가 10대 청년들이라 건강했지만 새벽마다 엄습하는 추위와 바다에서 스멀스멀 올라오는 한기를 견디는 것은 쉽지 않았다. 물자가 부족하던 때라 솜이불은 상상할 수도 없었다. 아버지와 친구들은 산판 작업 기간 내내 겉옷만 입은 채, 홑이불 한 장 덮지 않고 잠을 청했다.


## 고향을 떠나서도 잊지 않은 제사

아버지는 설과 추석이면 제사를 지내기 위해 임실로 내려갔다. 일단 당고모 중 한 분의 집으로 갔지만 대개 동네 사람들이 모이는 사랑채에서 잤다. 사랑채는 요즘으로 치면 마을회관 같은 역할을 했다.

아버지는 당숙과 김영철의 가족을 월산리로 데려오기도 했다. 지금은 임실과 경기도 마석 사이를 오가는 것이 별 게 아니지만, 당시만 해도 쉽지 않았다. 기차를 타고 이동할 때면 상이군경들을 맞닥뜨렸다. 한국전쟁이 끝난 지 10년도 안 지난 때라 부상당한 채로 전역한 군인이 많았다. 나라에서는 이들에게 아무런 보상도 하지 않았다. 몸이 불편한 이들은 일을 구할 수 없었기 때문에 기차에서 물건을 팔았다. 돈이 있어 보이는 사람이라도 있으면 물건을 강매하기도 했다. 또 버스터미널마다 슬리퍼를 질질 끌고 다니는 양아치들이 돌아다녔다. 그들은 자기네 동네 사람은 건드리지 않았다. 주로 외지인 중에서 만만해 보이는 사람이 보이면 돈을 빼앗거나 때렸다. 게다가 기차나 버스가 기약 없이 연착을 하기도 하고, 역무원들도 요즘과는 달리 친절하지 않았다.

당숙과 김영철의 가족은 농촌에서 농사일만 한 까닭에 버스나 기차를 타볼 기회가 몇 번 없었다. 따라서 그들이 스스로 물어물어 찾아 온다고 해도 임실에서 월산리까지 오기는 쉽지 않은 일이었다. 하지만 아버지는 명절 때마다 고향에 오갔던 경험이 있었다. 보통 출발은 저녁에 했다. 그렇게 해야 임실역에 새벽에 도착해 강진면으로 가는 버스를 바로 탈 수 있었다. 밤늦게 임실역에 도착하면, 버스를 탈 수가 없었다. 이렇게 되면 임실에서 숙소를 잡아 자거나 밤새 강진면까지 어두운 밤길을 걸어야 했다. 숙소를 잡으려면 돈이 필요했고, 어두운 밤길을 걷는 것은 위험한 일이었다. 아버지는 이 모든 걸 몸으로 체득하고 알고 있었기에 다른 사람들을 도울 수 있었다.


## 이준직 형님의 따뜻함


임실에서나 월산리에서나 아버지에게 꿈은 사치였고 그럴 여유도 없었다. 오로지 삼시 세끼를 해결하는 것만이 시급했다. 그러다 보니 어떤 직업을 가져야겠다는 것은 생각조차 할 수 없었다. 이 무렵 아버지는 자신보다 열 살 많은 동네 형 이준직과 친해졌다.

그는 항상 단정하게 머리를 빗고, 머릿기름까지 바르고 다녔다. 또 그는 한문도 많이 알았다. 이준직은 새어머니 아래서 자랐기 때문에 경제적 독립에 대한 열망이 컸다. 아버지와 이준직은 스스로 경제적 독립을 하기 위해 노력했다는 공통점으로 더욱 가까워졌다. 아버지는 이준직의 도움을 받아 서울 생활을 시작했다. 이준직은 자기 하나도 먹고살기 힘든 시절 아버지에게 호의를 베풀었다.

아버지는 서울에서 생활하는 동안 종로구 숭인동의 한 기와집에 머물렀다. 이곳은 월산리와 마석 일대에 사는 이씨 종친들이 십시일반 돈을 모아 산 하숙집으로 이씨 종친 자제 중에 서울에서 공부하는 학생들을 위한 곳이었다. 열댓 명의 남녀 학생이 방을 나눠 살았는데, 모두 이준직 씨와 본관이 같았다. 이준직씨는 학생이 아니었기 때문에 하숙집에 머물 자격이 안 되었지만 그는 이씨 가문의 종손이란 이유로 하숙집에 머물 수 있었다.

아버지는 당연히 이 하숙집에 머물 수 있는 자격이 없었다. 그러나 아버지는 매일 밤 이준직 씨의 옆에서 잠을 청했다. 게다가 아버지는 별다른 비용도 지불하지 않았다. 그러나 이씨 종친회에서는 아버지를 내쫓지 않았다. 아버지는 그때는 모두가 어려웠지만 사람들에게는 인심이 남아 있었고 그 덕에 잠자리를 해결했다고 했다.

아버지는 이때도 열심히 일했으나 돈을 모으지 못했다. 당시 이준직은 직접 화장품을 만들어 자신의 매형과 함께 판매했고, 아버지는 1년 동안 냉차 장사를 했다. 별도의 점포가 있었던 것은 아니었다. 아버지는 지금은 사라진 성동역에서 노점을 했다. 냉차를 만드는 방법은 매우 간단했다. 냉차 통에 얼음 한 덩어리를 넣고 보리차나 식용 색소를 넣어 팔았다. 하지만 장사 자체는 쉽진 않았다. 일단 냉차 통을 갖고 다니는 게 힘들었다. 매번 경찰 단속을 피해 좁은 골목으로 몸을 숨기는 것도 힘들었다. 경찰은 꾸준히 단속을 하긴 했지만 냉차 장사가 도둑이나 강도처럼 남에게 피해를 주지 않았기에 아버지를 연행하진 않았다. 하지만 이때만 해도 경찰에게 붙잡히면 뭇매를 맞을 수도 있었기 때문에 장사를 하면서 가슴을 졸여야 했다. 아버지처럼 배운 것 없고, 물려받은 것이 없는 사람에게 규정을 지키라고 하는 것은 그냥 굶어 죽으라는 것과 다를 바 없었다. 아버지가 팔았던 냉차 음료는 나쁜 음식도 아니었고, 또 그것을 팔면서 누군가를 속인 적도 없다. 그저 하루하루 성실하게 살았을 뿐이었다.

아버지는 이준직의 권유로 족자 장사를 하기도 했다. 좋은 문구가 쓰인 족자였다. 아버지는 족자 장사가 잘될 거라는 확신은 없었으나 이준직 씨의 권유에 못 이겨 족자를 메고, 들고 경희 대학교 앞으로 갔다. 지금은 사라졌지만 그때만 해도 경희 대학교 정문 앞에는 큰 버찌나무가 있었다. 아버지는 그곳에 좌판을 벌이고 족자를 팔았다. 그러나 판매가 영 신통치 않았다. 아버지 기억에 따르면 종일 한두 개를 팔았다고 하니 족자 장사도 생계를 유지하기엔 역부족이었다.


## 땔나무 만들기


1960년, 스무 살이 되었다. 서울에서의 생활도 돈을 모으거나 배움의 기회가 되지 못했다. 이 무렵 아버지에게 부담이 된 것은 자는 곳이었다. 이씨 종친회 하숙집에서 1년 가까이 기생하는 게 슬슬 눈치가 보였다. 아버지는 서울 생활을 정리해야만 했다. 아버지는 당숙 송용현과 함께 사그막에 살던 목재상을 찾아갔다. 그곳은 월산리에서 멀지 않았다. 아버지와 당숙은 그곳에서 땔나무를 만들었다. 얼마 지나지 않아 당숙은 다른 일자리를 찾아 떠났지만 아버지는 그곳에 계속 남아 성실하게 일했다.

아버지는 꼭두새벽부터 일어나 스스로 밥을 지어 먹고, 톱과 도끼 그리고 낫을 챙겼다. 산판 주변 참나무를 베어낸 후 도끼로 쪼개 장작 묶음을 만들었다. 그리고 해가 떨어지면 일을 마쳤다. 어려서부터 몸을 쓰는 일을 해온 덕에 산판 일이 마냥 버겁지는 않았다.

아버지는 목재상으로부터 숙식을 받고, 땔나무의 양에 따라 돈을 받았다. 목재상이 제공해 준 잠자리는 당시 흔한 초가집이었다. 아버지는 땔나무를 만드는 것 외에 땔나무를 필요한 곳으로 보내는 일도 했다.

땔나무를 보내는 방식은 두 가지였다. 첫 번째는 제무시 트럭을 이용하는 방법이었다. 제무시 트럭은 크고 나무가 아무리 많아도 전혀 흔들리지 않았다. 산판 쪽 나루터에서 나룻배를 이용해 나무를 대성리역 쪽으로 보낸 다음, 그곳에 대기하고 있던 제무시 트럭에 실어서 필요한 곳으로 보냈다. 제무시 트럭은 오늘날에는 사실상 사라져 버렸다.

두 번째는 나무를 뗏목으로 묶어 대성리 나루터에서 팔당까지 흘려보내는 방법이었다. 팔당까지 보내면 그곳에서 제무시 트럭이 필요한 곳으로 실어 보냈다. 팔당댐은 1966년에 착공을 했는데, 팔당댐이 생기기 전까지 이런 방식으로 서울로 땔나무를 보내곤 했다. 산판에서 나루터까지는 주로 지게를 이용해 장작을 운반했다. 운반해야 하는 나무가 많을 때는 제무시 트럭을 사용하기도 했다.

산판 일은 혼자 할 때도 있었고, 여러 명이 함께할 때도 있었다. 그때나 지금이나 산속은 고요했다. 아버지가 일하던 산판 근처에는 화전민이 사는 집이 대여섯 채 있었다. 한국전쟁 때 월남한 그들은 간혹 아버지와

63

함께 산판 일을 했다.

1960년, 산판에는 외부 소식을 알 수 있는 라디오나 신문 같은 통신 수단이 없었다. 이런 탓에 아버지는 세상 돌아가는 걸 모른 채 산판 일만 했다. 그러던 어느 날 산판에 오던 제무시 트럭 운전사가 아버지에게 4·19혁명이 일어났다고 전했다. 그러나 혁명은 당시 아버지의 삶과 아무런 직접적인 연관도 없었다. 시골에는 사람이 모이지도 않았고 또 모여야 할 이유가 없었다. 먹고살기 바쁜 이들에게 혁명은 그저 먼 나라 이야기처럼 느껴졌다. 머지않아 아버지는 산판 일을 그만두어야 했다. 스스로 그만둔 게 아니었다. 한국전쟁 이후 인구가 급증하면서 사람들이 산림 채벌을 많이 하기 시작했다. 이때 민둥산이 많아지면서 국가로부터 허가받은 땅만 산판 일을 할 수 있었다. 아버지가 일하던 산판은 허가 받은 지역의 나무를 모두 베어냈다. 결국 아버지는 또다시 일자리를 찾아나서야 했다.


## 고리채 정리


1961년, 아버지는 개인적으로 손해 본 일이 있었다. 시발점은 1961년 박정희가 일으킨 5·16 쿠데타였다. 쿠데타 직후, 박정희와 국가재건최고회의는 일방적으로 농어촌 고리채 정리를 했다. 당시 농촌은 보릿고개라 불릴 만큼 먹고살기 힘들어졌다. 농민들은 보릿고개가 시작되면 굶주림을 면하기 위해 지주에게 장리쌀을 빌려야 했다. 가을에 연이율 5할의 고율 이자로 갚아야 했다. 그러니 농사를 지어봐야 결국 지주의 재산을 불리는 일만 하고, 농촌은 가난의 악순환에 빠질 수밖에 없었다. 고리채는 농촌의 고질적인 어려움 중 하나였다. 박정희와 국가재건최고회의는 연이율 20% 이상의 이자를 지불해야 하는 채무에 대해서는 갚지 않아도 된다는 법령을 시행했다.

아버지는 임실 필봉 마을을 떠나면서 둘째 고모할머니 쪽 친척 분에게 모아 놓은 쌀을 맡기고, 필요한 사람에게 빌려준 뒤, 적정 이자를 받아 달라고 부탁했다. 이 쌀은 아버지가 머슴살이를 하면서 모아 놓은 것으로, 그 양은 서너 가마 정도 됐다. 당시 쌀 네 가마는 일정 논을 살 수 있을 정도로 가치가 있었다. 그러나 이자는 물론 쌀도 돌려받지 못했다. 둘째 고모할머니 쪽 친척은 "고리채 정리 때, 아버지가 맡긴 쌀과 이자가 정리되었다."라며 아버지에게 아무것도 주지 않았다. 아버지가 맡긴 쌀은 당시 고리채 정리 대상이 아니었다. 알고 보니 고모의 친척이 아버지가 맡긴 쌀은 물론 이자까지 모두 써버린 것이다. 그는 이 사실을 숨기기 위해 거짓말을 한 셈이었다. 이에 대해 아버지는 억울해하지 않았다. 아버지는 명절 때마다 임실에 내려가 둘째 고모할머니 쪽 친척 집에서 먹고 잤다. 아버지는 그때 손해 본 것을 밥값으로 대신했다고 생각한다.

# 3장

## 찐빵으로 시작한 신혼 생활

· · ·

아버지는 죽을 뻔했던 위기 이후 스스로 마석 답내리의 어떤 창호지 공장을 찾아갔다. 창호지 업자들은 창호지 200장씩 열 묶음을 한 덩어리라 불렀다. 아버지는 한 덩어리를 만들 때마다 돈을 받기로 하고, 이곳에서 일을 시작했다. 늘 그랬듯이 아버지는 열심히 일했다. 아버지는 이곳에서 창호지 만드는 기술을 배웠다. 이전 공장에서 잡부로 일했다면 이번에는 본격적으로 창호지 만드는 기술을 배우기 시작했다. 이때 배운 기술은 이후 가정을 꾸리는데 경제적 기반이 되어주었다.

당시 농촌에는 돈이 없었고 이는 마석도 마찬가지였다. 그러나 창호지 공장은 큰돈은 아니어도 돈이 돌았다. 그러나 창호지 판매 금액으로 큰 변화를 이끌어내기란 어려웠다. 그러다 보니 창호지 공장주인은 인부들에게 일정 급여를 때맞춰 줄 형편이 못 되었다. 주인이 나쁜 게 아니라 당시 상황이 그랬다. 말이 공장이지 요즘처럼 급여가 꼬박꼬박 나갈 수 있는 여건이 되지 못했다. 한국전쟁 이후 60년대 상황은 '밥만 줘도 일했다.'는 말이 있는데, 아버지가 일하는 창호지 공장도 이런 분위기였다. 직원들도 별다른 불만이 없었다. 공장 분위기는 먹고살 방법 없는 이들이 그들 중 대장인 공장주인을 중심으로 생활하는 것과 같았다.

공장에는 10여 명의 젊은 남녀가 있었다. 남자들은 닥나무를 삶거나 창호지 뜨는 일을 했고, 여성들은 닥나무에서 나온 잿물을 헹구고 창호지용 죽 만들기, 창호지 말리기 같은 일을 했다. 그들 중에 아버지에게 특별한 사람이 있었다. 아버지보다 여섯 살 어리고 키가 큰 그녀는 언제나 머리카락을 고무줄 하나로 단정하게 묶고 다녔다. 그리고 아버지만큼이나 성실했다.

그녀는 공장주인 김명도의 딸이자 나의 어머니다. 어머니는 1947년 경상도 경주 토암산 자락 장항리에서 태어났다. 어머니는 외할아버지를 따라 17살 무렵 마석 답내리로 이주했고, 그때부터 당신의 아버지를 도와 아침부터 해 질 녘까지 창호지 공장에서 일을 했다. 어머니의 이름은 김남애로 딸이 태어난 것을 아쉬워한 집안 어른들이 다음에는 꼭 남자를 낳으라는 의미에서 사내 남(男)자를 넣어 이름을 김남애로 지었다고 한다. 아버지는 어머니를 처음 보았을 땐 별다른 감정이 없었다고 했다. 공장에서 일하고 있는 너덧 명의 여성 중 한 명에 불과했다. 마석에 가설극장이 열리는 날이면 공장의 젊은 남녀가 모여 영화를 보러 갔다. 당시 상설극장은 대도시에나 있었지, 마석 같은 읍 또는 면단위 행정구역에는 상설극장이 없었다. 가설극장은 마석 시장 한쪽에 설치되었다. 천막을 치고 돈을 내고 들어가면, 그 안에서 영화를 볼 수 있었다. 아버지와 어머니는 최무룡이 출연한 〈울며 헤어진 부산항〉을 비롯해 신성일과 엄앵란이 출연한 영화도 보았다.

또 공장 사람들끼리 가까운 청평댐으로 놀러 가기도 했다. 당시에는 야유회 개념이 없었지만 공장에는 젊은 사람들과 약간의 돈이 있었기에 가능했다. 매일 함께 일을 하고, 가끔 가설극장 등으로 놀러 가면서, 아버지는 어느 날부터 어머니에 대한 사랑의 감정이 싹텄다. 아버지 나이 스물일곱, 공장주인이자 그녀의 아버지에게 말했다.

"따님과 결혼하고 싶습니다."


## 찐빵으로 시작한 동거

어머니와 아버지가 부부의 연을 맺는 과정에서 반대한 사람이 있었다. 한 사람은 어머니의 여동생이었다. 이모는 아버지가 가난하다는 이유로 반대했다. 그러나 나중에는 아버지의 부지런함과 끈기를 인정하고 칭찬했다. 결혼을 반대한 또 한 사람은 할머니였다. 할머니는 어머니가 사시나무처럼 말랐다는 이유로 사실을 싫어했다. 어머니는 키 155센티미터에 몸무게 42킬로그램에 불과했다. 그러나 누군가 반대한다고 이루지 못할 결혼이 아니었다. 아버지는 14살부터 자신의 삶을 개척해 왔다. 그런 아버지에게 할머니의 반대는 큰 걸림돌이 아니었다.

어머니는 아버지에게 사랑한다는 말은커녕 변변한 선물 한번 받아본 적 없다. 당시에는 남녀 간에 사랑을 표현한다는 게 무척 부끄럽고 남사스러운 일이었다. 그러나 아버지에게는 자신만의 표현방식이 있었다.

'찐빵'

찐빵은 지금은 흔하지만 당시에는 귀한 음식 중 하나였다. 서울에서는 어땠는지 모르지만 마석에서는 확실히 구하기 어려운 음식이었다. 그만큼 물자가 귀하던 시절이었다. 아버지는 어머니에게 '찐빵'을 사주면서 사랑을 표현했다. 아버지에게 '찐빵'은 '사랑해'라는 말과 다름없었다. 그러나 어머니는 아버지와 단둘이 찐빵을 먹거나 가설극장에 갔던 기억이 없다고 한다.

아버지가 사랑을 표현할 무렵, 어머니가 크게 아팠던 적이 있다. 기침이 멈추지 않고 좀처럼 열도 내려가지 않았다. 병원이나 약국이 흔하지 않았던 때라 진료는 물론 약을 구하는 것도 쉽지 않았다. 어머니는 병원에 갈 수 없었기에 자신이 어떤 병에 걸린지조차 알 수 없었다. 다만, 결핵이라 짐작할 뿐이었다. 어머니의 사촌 중에 결핵에 걸린 사람이 있었기 때문이다. 당시에는 적지 않은 사람들이 결핵에 걸렸고 심심찮게 죽기도 했다. 먹고살기도 힘든데 아버지는 돈을 모아 결핵 약을 마련했다. 어머니는 약을 먹고 다시 일어날 수 있었다.

결혼식에서는 손님들에게 국수라도 한 그릇 대접할 수 있어야했다. 그러나 아버지와 어머니는 그렇게 할 수 있는 형편이 아니었다. 두 사람은 아버지 나이 스물여덟, 어머니가 스물둘일 때 살림을 차렸고 정식 결혼은 다음 해에 했다.

첫 동거는 외할아버지의 집에서 시작했다. 외할아버지 집은 창호지 공장 바로 옆에 붙어 있었다. 공장 한쪽 벽에는 방 한 칸, 부엌 한 칸짜리 초가집이 붙어 있었다. 아버지와 어머니는 그곳에서 살림을 꾸렸다. 살림살이는 솥단지, 숟가락과 젓가락, 밥그릇이 전부였다. 동거 이후 아버지와 어머니의 삶은 크게 바뀌지 않았다. 부모로부터 물려받은 재산도 없었고, 사는 곳이 바뀐 것도 아니었다. 이전까지 각자였던 두 사람이 함께 밥을 먹고, 함께 잠자리에 들었을 뿐 바뀐 것은 없었다.

어머니는 동거를 시작한 후에도 창호지 공장에서 일했다. 아버지도 마찬가지였다. 동거를 시작하기 전 아버지는 외할아버지의 창호지 공장에서 일했다. 직접 창호지를 만들어서 판매하기도 하고, 또 어떤 날은 다른 집의 농사일이나 품팔이를 하며 부족한 돈을 채워 나갔다.


## 20대의 싱거운 주먹 한 방


한종석은 답내리 토박이로 동네에서 영향력이 있는 사람이었다. 아버지가 한종석을 알게 된 것은 어머니와 동거하기 전이었다. 두 사람은 외할아버지의 창호지 공장에서 만났다. 한종석은 아버지의 성실함을 칭찬하곤 했다. 그는 아버지보다 스무 살 이상 많았다. 아버지는 때때로 한종석의 집에서 먹고 자며 집안일을 도와주기도 했다.

한번은 폐목 스무 개를 구해주기도 했다. 당시만 해도 목재가 귀했다. 따라서 폐목이라도 사용할 곳이 많았다. 마석의 큰 도로를 아스팔트로 포장할 때였다. 이 공사는 육군 공병대가 도맡았다. 그들은 공사에 필요한 자갈을 마련하기 위해 채석장을 만들었다. 그 장소가 창호지 공장 근처였다. 채석장에는 쓰고 남은 폐목이 많았다. 아버지는 이곳을 책임졌던 육군

하사와 친해졌다. 젊은 군인들은 아버지가 일하는 창호지 공장의 미혼 여성들에게 관심이 많았다. 이게 계기가 되어 아버지와 육군하사는 친해졌고 폐목 20개를 구할 수 있게 되었다.

한종석 역시 아버지에게 여러 도움을 주었다. 그중 하나가 동네의 텃세로부터 아버지를 감싸준 것이었다. 답내리 근처에는 외지인이 꽤 많았다. 그들은 먹고살기 위해 고향을 떠나야 했다. 주로 젊은 청년들이었으며 전라도와 경상도, 충청도 등 출신지도 다양했다. 토박이들은 텃세를 부렸고, 외지인들은 서로 자리를 차지하기 위해 싸우기도 했다. 또 어떤 사람들은 싸움을 은근히 부추기기도 했다. 이때 한종석이 동네 사람들에게 선포했다.

"한일수는 내 가족과 다름없으니 건들지 마라."

이 말은 의지할 곳 하나 없던 아버지에게 힘이 되었다. 가끔은 예외도 있었다. 아버지는 창호지 공장 일이 끝나면 매일 저녁 여성 동료들과 함께 집으로 돌아갔고, 때때로 가설극장으로 놀러가곤 했다. 그런데 이 모습을 나쁘게 여기는 이가 한 명 있었다. 그는 해병대를 갓 제대한 청년으로 아버지와 같은 또래였다. 창호지 공장 동료 여성들과 밤길을 걸어가던 아버지는 철길 건널목에서 그 청년을 만났다. 그런데 그는 혼자가 아니었다. 몇몇 청년들이 모여 함께 건널목을 지키고 있었다. 그중 우두머리로 보이는 해병대 청년은 아버지를 노려보았다.

함께 온 청년들은 싸움을 말리지 않았다. 아버지는 잠깐 당황했으나 주눅 들지 않았다. 아버지는 기습적으로 그 청년에게 주먹을 두 번 내질렀다. 청년은 아버지의 주먹에 기가 꺾이고 말았다. 싸움은 싱겁게 끝났다.

아버지와 청년 모두 20대의 넘치는 에너지를 주체하지 못했던 것 같다.


## 사라진 호적을 다시 만들다

군대 갈 때가 되었는데 아버지에게는 호적이 없었다. 한국전쟁 중에 정읍군 산내면 면사무소가 불타면서 그와 함께 아버지의 호적도 불타버렸기 때문이다. 아버지가 호적을 만들 때, 한종석이 도움을 주었다. 한종석은 아버지에게 호적을 복구할 것을 강하게 권유하며 친한 공무원에게 부탁을 하기까지 했다. 신원 보증은 외할아버지와 한종석이 해주었고, 호적의 주소지는 한종석의 집으로 했다.

그러나 호적을 만드는 과정에서 몇 가지 오류가 있었다. 아버지의 이름이 바뀐 것이다. 아버지의 이름은 '일수(一洙)'인데, '일순(日順)'으로 기록된 것이었다. 아버지는 이름이 이렇게 바뀐 이유를 아직도 모르고 있으며, 호적이 만들어진 후에도 이에 대해 이의 제기를 하지 않았다. 그러나 아버지는 이름이 바뀌어서 좋았다.

"일수로 살 때는 삶이 어려웠다. 겨우 먹고사는 정도에 불과했어. 그런데 이름이 바뀐 후부터 여유도 생기고, 더 좋아졌다!"

이때 작은아버지도 어머니의 도움을 받아 호적을 만들었다. 작은아버지도 그때까지 호적 없이 살고 있었다. 작은아버지의 호적도 원래와 다르게 기록되었다. 아버지는 실제 태어난 해인 1941년보다 1년 늦은 1942년으로 되어 있었고, 작은아버지는 출생보다 4년 늦은 연도로 신고

되었다. 이렇게 된 이유도 알 수가 없다. 처음에 작은아버지는 4년 늦게 호적이 신고된 것에 대해 불만을 가졌지만 나중에는 늦게 등록한 호적 덕에 4년을 더 일할 수 있다며 좋아했다.


## 밤에는 방위병, 낮에는 창호지 만들기


1968년, 아버지는 28살에 방위병으로 입대해 24개월 동안 군 복무를 했다. 당시 남양주 마석에는 군대에 갈 사람이 차고 넘쳤다. 이런 이유로 아버지는 현역병이 아닌 방위병으로 입대했다. 방위병 제도는 1970년대 초부터 현역 징집병 대상자가 많아질 것에 대비해 초과 인원을 효율적으로 관리하기 위한 방안으로 만들어진 제도다. 아버지는 36개월 현역병이 아닌 24개월 방위병으로 군 생활을 하게 되었다.

아버지는 의정부에서 신체검사를 받고, 2주 기초 군사훈련을 받았다. 처음에는 화도읍 지서에서, 후에는 청평으로 이사를 하고, 청평 지서에서 밤에 보초를 섰다. 낮에도 훈련받을 때가 있었지만, 주로 밤에 보초를 섰다. 방위병으로 근무할 때도 쉬지 않고 일했다. 근무가 없는 낮에는 창호지 공장에서 일했다.

어머니도 자는 시간을 제외하면 창호지 만들기에 몰두했다. 아버지가 창호지 뜨는 작업을 할 수 있도록 닥나무의 잿물을 세거하고, 창호지 작업용 닥나무 풀떼기죽을 만들고, 철판에 붙여 종이를 말리곤 했다. 아버지의 방위병 근무는 월요일부터 토요일까지 있었다. 아버지는 방위병

입대 전 결혼식을 올리지 못했을 뿐, 실질적인 신혼생활을 하고 있었다.

"만약 아버지가 현역으로 입대했으면 두 분은 어떻게 지내셨을까요?"

아버지가 가볍게 웃으면서 대답했다.

"모르지, 너희 엄마가 다른 남자와 살고 있을지도"

아버지의 답변은 그저 우스개 농담이지 않았을까? 아버지와 어머니는 수많은 어려움을 이겨내고 53년을 함께 살았다.


## 창호지 공장


아버지와 어머니가 결혼한 지 얼마 지나지 않았을 때, 둘째 외할아버지가 한 가지 제안을 했다. 당시 둘째 외할아버지는 경주를 떠나, 청평에서 창호지 공장을 운영하고 있었다.

"청평으로 이사 와라, 내가 살던 집을 내줄 테니."

정말로 둘째 외할아버지는 방 두 칸짜리 집을 내주었다. 이곳의 주소는 가평군 청평면 가마골이다. 당시 주소로는 외서면 청평리 가마골, 마을 사람들은 청평 가마골이라 불렀다. 가마골은 조그만 계곡이다. 계곡 입구와 안쪽에는 집 열 채가 드문드문 흩어져 살았다. 뒷산 깃대봉 아래는 곳곳에서 모인 물이 개울이 되어 산비탈 아래 자리 잡은 마을 앞쪽으로 흘러내렸다. 이 개울은 다시 조종천으로 흐르고 조종천은 이곳에서 1킬로미터 정도 흘러간 뒤, 북한강에서 합쳐졌다. 지금은 계곡 안쪽에 전원주

택이 들어서면서 산을 허물고, 계곡을 메워 풍경이 바뀌었다. 그러나 아버지와 어머니가 처음 이사를 왔을 때, 가마골은 그냥 마셔도 될 만큼 개울물이 깨끗했고, 봄이 되면 냇가에는 버들강아지, 산비탈에는 진달래가 피었고, 마을을 둘러싼 산에는 소나무, 참나무, 밤나무, 상수리나무가 빽빽이 숲을 이루었다.

아버지와 어머니는 개울가 모퉁이를 개간했다. 개울물이 범람할 때마다 흙이 넘쳐흘렀고 두 사람은 이를 막고 땅을 넓히기 위해 축대를 쌓았다. 또 비탈진 곳이나 흙이 넘칠만한 곳에는 미루나무, 호두나무, 오동나무를 심었다. 어머니의 말에 따르면 당시에는 강가나 산을 개간하면 개인 소유로 인정해줬다고 한다. 아마 국민 대다수가 먹고살기 힘든 시절임에도 국가가 해줄 수 있는 것은 한정되어 있다 보니 이런 정책을 운영한 듯하다. 이는 국가 차원에서 황무지 등의 개간을 장려해서 생산력을 높이는 방법이었을 것이다.

부모님에게 이러한 삶의 터전을 제공한 둘째 외할아버지는 1971년 5월 10일 불의의 교통사고로 돌아가셨다. 아침에 설악면에서 청평으로 오던 버스가 청평댐 근처 비탈길에서 과속하다가 강 속으로 굴러떨어진 것이다. 둘째 외할아버지는 버스에 타고 있다가 돌아가셨다. 죽은 사람 대부분 청평과 설악 사람들이었다. 이날 청평과 설악은 발칵 뒤집어졌다. 서울에서부터 많은 경찰이 내려왔고, 시신을 건져내기 위해 잠수부까지 동원됐다.

사고가 난 버스는 53인승이었는데 90여 명이 타고 있었다고 한다. 사고가 난 길은 비포장도로였고 사고가 난 곳은 급커브 지점으로 도로 폭이 4.5미터밖에 안 되었다. 버스는 11미터 아래 벼랑으로 굴러 내려갔고, 20미터 깊이의 강 속으로 들어갔다고 한다. 90명 중에 15명이 구출되었고, 나머지 80여 명의 사람은 모두 죽었다.

둘째 외할아버지는 양자로 들인 외삼촌을 제외하면 친자식이 없었다. 둘째 외할아버지는 외손자인 나를 무척 아꼈다고 한다. 둘째 외할아버지의 시신을 강에서 건져 냈을 때, 손에는 사탕이 꼭 쥐어져 있었다는데 어른들은 그 사탕이 나에게 줄 것이었다고 했다. 둘째 외할아버지는 아버지와 어머니에게만 따뜻함을 베푼 것이 아니었다. 옆집에 살던 최철규 씨도 둘째 외할아버지의 가마골 땅 바로 옆에서 공장을 시작했는데, 그때 많은 도움을 받았다고 한다.


## 창호지로 시작한 신혼 생활

1969년 11월 23일, 하얀 눈이 펄펄 날리던 날, 아버지와 어머니는 결혼을 했다. 하객들은 저마다 눈이 많이 오니, 잘 살 거라고 했다. 가마골 사람들이 모두 모였다. 아버지는 사모관대를 쓰고, 어머니는 연지곤지를 찍고, 전통방식으로 결혼식을 올렸다. 가마골 입구에 살던 중경이 아버님은 나무를 잘라서 젓가락을 만든 다음, 그것으로 쌀알을 집었다. 나무젓가락으로 쌀알을 집으면 잘 산다고 한다.

결혼식 날, 아버지와 어머니는 동네 사람들과 하객들에게 국수 한 그릇과 막걸리를 대접했다. 아버지에게 이날은 정말 행복한 순간이었던 것 같다. 아버지는 그 기쁨을 나에게 이렇게 표현했다.

"돌아보니 아버지가 돌아가신 이후 별다른 기쁜 일이 없었다. 매일같이 먹고살기 바빴지. 살면서 기쁜 일이 딱 하나 있었다면 너희 엄마를 만나 함께 살게 된 것이다."

아버지와 어머니는 가마골에서 9년을 살았다. 설날이 되면 재떨이, 양동이 같은 상품을 걸고, 윷놀이를 하거나 날이 좋을 때는 큰 가마솥에 고기를 넣고 삶아 밥과 국을 끓여서 잔치를 벌였다. 어머니는 가마골에는 참 좋은 사람들이 많았다며 웃었다.

아버지와 어머니는 해가 뜰 때부터 질 때까지 창호지를 만들었다. 저녁을 먹고 난 후에도 종이를 접었다. 추운 겨울에도 찬물에 손을 담가 닥나무 껍질을 벗겨내야 했고, 닥풀이 섞인 죽을 망치와 해머로 깨고, 문짝만 한 나무 발을 좌우로 흔드는 등 종일 일을 해야 했다. 부모님은 자식들에게 밥 챙겨줄 시간도 부족했다. 초등학교 입학 전 나는 집 앞에서 어머니를 기다리며 울었던 기억이 난다. 배고프다고 울고 있으면 그때마다 옆집 할머니가 나타나 나를 보며 빙그레 웃으며 간장 섞은 밥을 챙겨 주곤 했다.

종종 직원들과의 갈등도 있었다. 매번 그랬던 것은 아니지만 창호지 판매량에 따라 직원들의 심기가 뒤틀리는 경우가 종종 있었다. 직원들은 창호지가 많이 팔리면 상대적으로 일을 안 하고, 판매가 시원찮을 때는 불필요할 만큼 일을 많이 했다. 이럴 때면 이들의 말을 들어주기도 하고, 서로 합의 하에 직원이 그만 두기도 했다.

직원들이 갑자기 그만두는 경우도 더러 있었다. 그러나 아버지에게는 창호지 만드는 기술이 있었고, 어머니도 공장일 외에도 여러 일을 할수 있었기 때문에 사람들의 빈자리를 대체할 수 있었다. 아버지는 그 시절에 대해 몸은 고달파도 이전보다 생활이 안정되었다고 말했다. 창호지 공장은 점차 규모가 확장되어 일하는 직원이 10여 명까지 늘었다. 직원들의 출신지는 원주, 안성 등 다양했다. 이들 모두 먹고살기 위해 농촌을 떠나 서울과 가까운 청평으로 온 사람들이었다.

김장철이면 가족 외에도 일하는 사람들이 다 함께 먹을 김치를 담가야 했기에 아버지는 트럭에 배추를 실어 왔다. 어머니는 종일 배추를 자르고, 절이고 양념했다. 사람들이 순대가 뭔지도 모르던 시절, 아버지는 서울에서 순대를 관으로 사 오기도 했다. 창호지 때문에 서울을 자주 오가던 아버지는 전화와 텔레비전을 설치하기도 했다.

텔레비전을 설치하던 날, 가마골 마을 사람들이 우리 집으로 모였다. 말로만 듣던 텔레비전을 보기 위해서였다. 늦은 저녁이었다. 마을의 젊은 청년 두 명이 집 바로 옆에 있는 산으로 올라갔다. 그들은 낮은 산 정상에 안테나를 세웠다. 산 아래에서는 환호성이 터졌다. 안테나 위치에 따라 텔레비전의 화면이 어떻게 나오는지 알려주기 위해서였다. 모든 설치가 끝나고 동네 사람들이 모두 모여 텔레비전을 보았다. 아버지는 세발자전거를 부담 없이 사와 우리들에게 주었다. 내가 자전거를 타고 나가자 동네 또래 친구들부터 형들까지 모여들었다. 모두 창호지 덕분이었다.

아버지와 어머니는 두 가지 방식으로 창호지를 판매했다. 하나는 지역 판매상이고, 다른 하나는 서울의 지물포를 이용하는 것이었다. 지역 판매상은 몇 분이 있었고, 그들은 일정한 간격으로 찾아왔다. 그들은 자신이 사는 동네와 인근 마을에 창호지를 판매했다. 주로 매출을 차지하는 것은 지물포를 이용하는 방식이다. 아버지는 서울 숭인동 중앙시장의 몇몇 지물포에 창호지를 공급하고, 현찰로 수금했다. 가끔 버스를 이용해 창호지를 운반하기도 했지만 주로 신문 배달하는 트럭을 이용했다. 신문 트럭은 매일 서울에서 출발해 춘천과 현리로 동아일보와 한국일보를 배송했다. 신문 트럭은 서울에서 출발할 때는 신문이 한가득 있었지만 배달을 마치고, 서울로 돌아갈 때는 빈 차였다.

아버지는 며칠에 한 번씩 도로에 창호지 묶음을 쌓아놓고 매일 같은 시간, 같은 길목을 지나가는 신문 트럭을 기다렸다. 아버지는 트럭을 세운 다음 창호지를 좀 싣자고 말했다. 트럭 운전사에게는 아주 좋은 기회였다. 그냥 돌아가면 빈 차를 운전해야 하지만 창호지를 운반하면 추가 수입이 생겼다. 아버지 역시 비가와도 끄떡없는 신문 트럭을 좋아했다. 게다가 신문 트럭은 검문소를 무사히 통과했다. 창호지가 불법 물건도 아니고, 아버지도 무슨 불법을 저지른 적이 없다. 그러나 아버지도 검문을 받는 것은 괜히 부담스러워했다.


## 경찰에게 당한 수모

1960년대와 1970년대는 부정부패가 노골적으로 많았다. 이때 아버지가 세상의 모든 일에 순수하게 대응했을 가능성은 제로에 가깝다. 아버지 입장에서 어떤 것은 원하지 않았고, 어떤 것은 알면서도 슬며시 동참할 수밖에 없었고, 또 어떤 것은 법적으로 문제가 있지만, 사실 아무렇지도 않은 것이기도 했다. 분명한 건 아버지는 누가 봐도 억울한 일을 겪었다.

아버지는 일상 속에서 경찰에게 시달려야만 했다. 청평은 돈이 많은 동네가 아니었다. 그러나 아버지는 창호지를 만들고 판매했기에 돈을 만질 수는 있었다. 경찰은 그 냄새를 맡고 다가왔다. 그들은 어슬렁거리며 일정한 간격으로 찾아왔고, 돈을 달라고 노골적으로 말했다. 아버지는 이를 거부하지 못했다.

아버지는 본의 아니게 약소한 벌금을 내야 했고, 이 일로 지서에 갔는데 한 경찰이 냅다 아버지의 따귀를 때리기도 했다. 그러나 아버지는 말없이 경찰을 바라만 봤을 뿐, 아무런 대응을 하지 못했다. 아버지는 소와 돼지를 도축했다. 당시 도축은 허가받은 곳에서 해야 했다. 그러나 농촌사람들은 때때로 도축을 했고, 그 고기를 마을 사람들과 함께 나누어 먹었다. 아버지도 이런 분위기 속에서 지인들과 몇 번 도축했고 마을 사람들과 함께 나누어 먹었다. 당시 밀도살은 고기의 수요가 증가한 데 비해, 도축의 속도가 따라가지 못했기 때문에 나타난 현상이다. 아버지는 이야기를 하면서 "하, 하, 하……." 하면서 웃었다.

이 사건은 외할아버지 때문에 발생했다. 아버지와 어머니의 집과 공장은 가마골 안쪽에 있었고, 외할아버지의 집과 공장은 가마골 입구 도로 건너편에 있었다. 어느 날 어머니가 외할아버지 집에 가기 위해 젖먹이였던 여동생을 등에 업고 도로변으로 걸어가고 있었다. 그때, 갑자기 검은색 차 한 대가 멈춰 섰다. 곧바로 문이 열리더니 검은 옷을 입은 건장한 남자 세 명이 내렸다.

"아주머니, 아주머니"

그들은 조폭이었다. 그중 한 명이 외갓집 대문을 두드렸다. 잠시 후 외할아버지와 외할머니가 나오자 조폭들이 말했다.

"아기는 할머니에게 맡겨요."

어머니는 젖먹이 여동생을 외할머니에게 맡겼다. 조폭들은 아무런 이유도 설명하지 않고, 어머니와 외할아버지를 차에 태웠다. 외할아버지는 앞 좌석에 앉았고, 어머니는 양옆에 조폭 두 명과 함께 뒷좌석에 앉았다. 청평에서 서울을 가려면 최소 2시간 이상 걸렸다. 어머니는 어디로 가는지도 모른 채 두려움에 시달렸다. 외할아버지는 서울로 가는 동안 아무 말도 하지 않았다. 어머니는 너무 무서워서 왜 잡아가는지 물어볼 엄두조차 내지 못했다. 당시 사회는 법보다 힘이 앞서는 시대였고, 어머니를 차에 실은 남자들은 모두 조폭이었다.

어머니가 도착한 곳은 서울 청량리역 근처였다. 그곳에는 세 명의 남자가 있었다. 조폭들은 차에서 내리자마자 그들에게 다가가 이런저런 이야기를 했다. 거기에서 기다리던 세 남자 중 한 명은 어머니의 오빠인 외삼촌이었고, 다른 두 명은 경찰이었다. 외할아버지와 어머니가 조폭에게 끌려갔다는 소식을 들은 외삼촌이 급히 돈을 마련해 경찰과 함께 왔던 것이다. 어머니는 외삼촌을 본 순간 긴장이 풀리면서 안도의 한숨을 내쉬었다. 이때 외삼촌이 어머니에게 말했다.

"너는 아기에게 젖을 먹여야 하니 빨리 가거라!"

어머니는 이 말을 듣자마자 눈물을 흘렸다. 곧바로 외삼촌과 외할아버지, 형사 두 명과 조폭들은 다른 곳으로 사라졌다. 어머니는 청량리에서 혼자 버스를 탔다. 이때 어머니는 버스 기사 바로 뒤쪽 좌석에 앉아 있었는데 그때부터 다시 눈물이 나기 시작했다. 눈물은 청평에 도착할 때까지 그칠 줄 몰랐다. 버스 기사는 운전석 앞 후방 유리로 힐끗힐끗 어머니를 살펴보았다.

사건의 원인은 외할아버지의 어음 발행 때문이었다. 외할아버지가 신발 밑창 공장의 매출이 여의치 않자 어음을 발행했던 것이다. 외할아버지의 어음을 갖고 있던 거래처 사람은 외할아버지가 약속한 금액을 주지 않자 그 어음을 깡패들에게 넘겨주었던 것이다. 이를 넘겨받은 깡패들은 외할아버지를 직접 찾아와 할아버지와 어머니를 납치, 협박한 것이었다.

깡패들은 처음 약속한 금액의 세 배를 요구했다. 이때 외삼촌은 남산 세무서 사찰과장으로 근무하고 있었다. 이에 채권자는 겁을 먹고 억지를 부리지 않았고 결국 약속한 어음 금액만큼 지급했다. 이때까지도 채권자는 혹시라도 세무조사를 받을까 봐 겁을 냈다. 조폭은 외삼촌이 나타나자 어머니를 함부로 대하지 않았다. 아마 그들은 외삼촌이 가져온 돈으로 문제가 해결되었다고 생각했을 것이다. 이때 외할아버지가 발행한 어음은 10만 원으로 당시로 치면 적은 돈이 아니었다. 그러나 아버지는 최근까지도 이 사실을 모르고 있었다. 어머니는 그 사건에 대해 아버지에게 한마디도 하지 않았다. 내가 어머니에게 왜 그러셨냐고 묻자 어머니의 대답은 간단했다.

"별로 좋은 얘기도 아닌데 해서 뭐하냐!"

어머니는 50년 동안 마음속 상처를 속으로 삭히며 살아왔다. 외할아버지는 이 사건과 관련해 미안하다는 말 한마디 하지 않았다.

# 아기를 업고 잣나무를 심은 어머니

영향력 있는 이들이 가마골에 나타나 나무를 심어야 하니, 집마다 한 사람씩 산으로 모이라고 했다. 이들은 돈을 주는 것도 아니면서 명령조로 말했다. 아버지와 어머니는 이렇듯 뻔뻔한 요구를 거절하지 못했다. 만약 동참하지 않는다면 이장을 포함한 영향력 있는 사람들이 어떻게든 집요하게 일을 시켰을 것이다. 아버지는 당장 먹고사는 일이 급했기 때문에 일을 해야 했다. 결국 나무를 심는 일은 어머니 몫이었다. 어머니는 어린 남동생을 포대기로 업고 나무를 심으러 갔다.

사정은 다른 집도 마찬가지였다. 남자들은 집안일을 할지언정 나무를 심으러 가지 않았다. 산에 모인 사람들은 아주 어린 아이들부터 허리가 굽은 노인들까지 각 집에서 힘이 가장 약한 사람들이었다.

어머니는 어린 남동생을 업은 채 산을 오르내리며 나무를 심어야 했다. 기운 센 남자라도 아이를 업고 종일 나무를 심어야 했다면 견디기 힘들었을 것이다. 어머니는 꼬박 11일 동안 산에서 나무를 심었다.

청평에 사는 사람들은 조선 시대에나 있었던 부역을 했던 셈이다. 지금도 이곳 도로변에는 곳곳에 잣나무가 빽빽하다. 이 나무들은 사실상 이때 강제 동원된 여성, 노인, 어린이들의 피땀 어린 노력의 결과라 볼 수 있다. 어머니 말에 따르면 다른 지역에서는 부역의 대가로 밀가루가 나왔다고 한다. 그러나 어머니는 밀가루나 설탕을 한 봉지는커녕 한 톨도 받은 적이 없었다.

게다가 동네 이장이나 공무원들은 최소한의 예의조차 없었다. 몇몇은 젊은 나이임에도 나무 심는 일을 하지 않았다. 잣나무를 일정 간격으로 심기 위해서는 긴 노끈을 매단 나무막대기를 이용해야 했다. 그들은 작업 시간 내내 양쪽 끝에 서서 막대기만을 붙들고 있었다. 그 사이에 아이들과 노인들, 아기를 업은 여성은 삽과 괭이 등을 들고 꾸역꾸역 나무를 심었다. 어머니는 당시에 대해 이렇게 말했다.

"말도 안 되는 거 아니냐. 돈을 주던지, 그런 것도 아니면서 강제로 일을 시키는 게 어디 있냐. 그것도 애들까지 동원해서" 사람들은 흔히 70년대 산림녹화를 이야기하면서 박정희 대통령의 강한 추진력을 칭찬한다. 그러나 누군가의 업적 뒤에는 평범한 사람들의 기여가 분명 있었다.

아버지가 어렸을 때 임실은 아스팔트가 깔리지 않은 황톳길이 많았다. 시간이 지나 비가 오면 길이 푹푹 파이곤 했다. 이런 곳은 당연히 보수 공사를 해야 했다. 어느 날 공무원들이 와서 마을 사람들을 불러 모은 다음 해야 할 일을 알려주었다. 그것은 사실상 명령이나 다름없는 부역이었다. 공무원들은 가구마다 일정 넓이를 할당했다. 집마다 아버지나 할아버지 혹은 나이 어린 손자가 나서든 어떻게든 할당된 만큼의 도로를 보수해야 했다. 공무원들이 요청한 보수 작업의 내용은 자갈을 이용해 도로를 평평하게 만드는 것이었다. 쉽지 않은 작업이었음에도 불구하고 각 집에서는 공무원들이 요청한 작업을 해냈다. 나는 이와 같은 부역에 대한 아버지의 생각이 궁금했다. 그런데 아버지는 내가 묻지도 않았는데, 앞뒤 설명 없이 다음과 같이 말했다.

"부당하기도 했지만 어쨌든 내 한 몸 고생해 나라가 좋아지지 않았니."

# 4장
## 또다시 중동 근로자가 되다

. . .

아버지와 어머니도 사람인지라 당연히 자신에게 뒤통수를 치거나 해코지
했던 사람들에 대한 안 좋은 기억이 있다. 그렇지만 마음 한 구석에서는
그들이 왜 배신을 했는지 이해하려 했다. 그러나 아무리 생각해도 그의
행동이 괘씸하다는 사실은 변치 않는 듯했다. 그의 행동은 법적으로는 아
무 문제가 되지 않는다. 그러나 그 행동에는 인간에 대한 최소한의 예의
나 믿음 같은 게 없다.

　아버지와 어머니는 같은 동네에 사는 사람에게 돈을 빌렸다. 아버지
의 이름이 '일수'에서 '일순'으로 바뀐 지 얼마 안 됐을 때였다. 동네 사람
들은 부모님에게 돈을 빌려준 사람더러 그의 딸 이름을 따 "순이아버지"
라고 불렀다. 그는 뱀을 잡아 날것으로도 팔고, 탕으로도 팔았다. 당시 청
평은 뱀이 많은 동네였고, 뱀을 약으로 판매하는 곳이 많았다. 순이아버
지는 이자를 지불하는 날만 되면, 뒷짐을 지고 가마골 입구에 서서 아버
지의 예전 이름을 부르며 이렇게 소리 질렀다.

"일수야, 내 돈 가져와라! 일수야, 내 돈 가져와라!"

어머니는 이러한 행동을 두고 스스로 폼 잡으면서 아버지에게 무언의 압박을 가한 것이 틀림없다고 했다. 결국 아버지에게 더는 창피 당하고 싶지 않으면 제때 돈을 갚으라는 의미였다. 아버지와 어머니는 한 번도 이자를 밀린 적이 없고, 이후에 돈도 깔끔하게 갚았다. 그런데도 그는 이자를 지급하는 날이면 항상 이런 식이었다.

"불쾌하지만, 돈이 없으면 수모를 겪을 수밖에 없다."

이때 아버지와 어머니가 배운 삶의 교훈이다.

아버지가 돈을 빌릴 수밖에 없었던 것은 모두 혈육 때문이었다. 아버지는 창호지 공장을  운영하면서 스스로 자립할 수 있는 기반을 충분히 만들어 가고 있었다. 다른 사람에게 돈을 빌리지 않아도 충분히 생활이 가능했다. 그런데 어느 날 혈육 중 한 명이 그의 아내와 함께 찾아왔다. 그는 장사를 해보겠다며 돈을 빌려 달라고 했다. 아버지에게는 여윳돈은 없었다. 그러나 혈육의 요청을 외면하지도 못했다. 이때 아버지에게는 일말의 책임감이 작동했다.

아버지는 잠시 망설였지만 결국 스스로 보증을 서는 조건으로 순이 아버지에게 3만 원을 빌렸다. 당시 3만 원이면 아버지가 살던 경기도 청평 외곽에 조그만 집 한 채를, 5만 원이면 서울에서 멀지 않은 구리 교문리 땅 100평을 살 수 있었다. 아버지와 어머니는 50년도 더 지난 일이라 빌린 돈의 이자가 얼마였는지 정확하게 기억하지 못했다. 아버지와 어머니는 그 돈의 이자가 연리 5부였던 것만 기억했다. 빌린 돈에 대한 이자가 연리 5부면 100만원을 빌린다고 치면 1년 동안 원금 외에 이자로만 50만 원을 갚아야 한다. 요즘 은행과 금융기업의 대출 이자가 적게는 2%에서 많게는 12%인 걸 고려하면 연리 5부는 요즘 사람들의 상식으로 이해가 안 되는 이자율이다. 그러나 당시 사회와 경제는 이렇게 움직였다.

먹을 게 없어서 쌀 한 가마를 빌렸는데, 빌려 간 쌀 한가마를 1년 동안 갚지 못하면, 쌀을 빌려 간 사람은 쌀을 빌려준 사람에게 이자 격으로 쌀 한 가마를 주어야 했다. 흔한 말로 배보다 배꼽이 큰 상황이 벌어졌다. 아버지에 따르면, 이자율 연리 5부는 당시 기준으로 높은 것이 아니라 오히려 낮은 것이었다. 그러다보니 손쉽게 돈을 버는 사람들이 있었다. 그들은 은행에 근무하는 사람을 통해 돈을 빌리고, 그렇게 빌린 돈을 부동산에 투자해 큰 이익을 남겼다. 그러나 이런 식의 돈 벌기는 누구나 할 수 있는 것이 아니었다. 목돈을 빌릴 만큼 은행에 연줄이 닿은 사람은 극히 드물었다.

지금은 담보만 있으면 은행에서 대출을 받을 수 있다. 그러나 이 당시에는 돈을 빌리는 것이 쉽지 않았다. 특히 농촌에서는 돈을 빌린다는 게 쉽지 않았다. 그러다 보니 많은 사람이 돈이 필요하면 아는 사람에게 빌렸다. 그러나 이마저도 신뢰와 믿음이 있어야 가능했다. 이 무렵 주변 사람들은 물론 동네 사람들까지 성실한 아버지에 대한 높은 신뢰와 믿음이 있었다.

아버지에게 돈을 빌린 혈육과 그의 아내는 강원도에서 장사를 했다. 문제는 그다음에 발생했다. 혈육과 그의 아내는 어떻게 장사를 했는지 이자도 감당하지 못한 것이다. 결국 혈육과 그의 아내는 거래처 사람들의 돈까지 갚지 못한 채 말도 없이 대구로 내려갔다. 그 뒤처리는 오롯이 아버지의 감당이 되었다.

사건은 이대로 끝나지 않았다. 빌린 돈을 받지 못한 거래처 사람들이 밀린 상품에 대한 대금을 내놓으라며 아버지와 어머니에게 찾아온 것이다. 그런데 이때 함께 온 사람 중에는 혈육 아내의 남동생도 있었다. 아무리 자신의 누나와 매형이 잘못한 일이지만 채권자까지 대동해 아버지와 어머니를 찾아온 게 황당하기만 했다. 부모님 입장에서는 모종의 합의를 했다는 생각밖에 들지 않았다. 예를 들어 밀린 대금을 받으면 그중의 일부를 나눈다는 합의가 있지 않았을까? 아니면 더 심한 모종의 계약이 있었을지도 모를 일이다.

이때 어머니는 단호하게 말했다.

"내가 그 돈을 왜 갚아야 하나요. 나는 못 갚아요."

채권자들도 더는 억지를 부리지 않았다. 어머니는 말했다.

"손해를 본 채권자들의 심정을 이해한다. 그렇다고, 아무 잘못도 없는 아버지와 나에게 찾아와서 막무가내로 밀린 대금을 갚으라고 하니 황당할 수밖에 없지 않니."

부모님 입장에서는 거래처 사람들의 행동은 '일말의 양심도 없는 것'이었다. 그들은 자신의 손해를 한 푼이라도 줄이기 위해 만만해 보이는 사람을 찾아 덤터기를 씌우려 했다. 그리고 그 앞잡이로 혈육 아내의 남동생을 앞장세우기 까지했다.

결국 순이아버지에게 빌린 돈은 아버지와 어머니가 갚기 시작했다. 빌린 돈 3만 원은 이자가 끝도 없이 계속 늘어났다. 마지막에 결산해보니 아버지와 어머니가 갚은 돈은 이자와 원금을 합쳐 원금의 3배인 9만 원이었다. 아버지는 밤에는 방위병으로 복무하고 낮에는 창호지 공장에서 일하면서 이 돈을 갚아나갔다.

아버지는 어머니에게 입이 열 개라도 할 말이 없었다. 아버지의 혈육과 그의 아내 때문에 벌어진 일이기 때문이다. 어머니에게는 도무지 쉴 틈이 주어지지 않았다. 어머니는 빚을 갚기 위해서 추운 겨울에도 어린 여동생을 업고 일을 해야만 했다. 어머니는 여동생을 꽁꽁 싸매고 일했지만 자꾸만 몸을 움직이는 작은 아이는 꿈틀대며 추위에 노출될 수밖에 없었다. 어느 날, 일을 마친 어머니가 여동생을 포대기에서 꺼냈는데 여동생의 양발이 꽁꽁 얼어 있었다. 엄마 등에 업힌 아기가, 아직 말도 배우지 못한 어린 게 춥다고도 못한 채 덜덜 떨었던 것이다. 당시 아버지는 먹고 살기 바빠 어머니와 여동생에게 이런 어려움이 있는 줄도 몰랐다고 한다.


## 보증 서지 마라, 쉽게 살지 마라

아버지가 나와 동생들에게 반복적으로 하는 말이 있다.

"어떤 일이 있더라도 보증을 서지마라. 보증은 부자간에도, 형제간에도 안 된다."

아버지는 보증 서지 말라는 이야기를 귀가 닳도록 반복했다. 옆에서 가만히 듣고 있던 어머니는 사람이 쉽게 살려고 하면 안 된다, 돈은 한 푼 두 푼 꾸준히 모아야 한다고 했다.

아버지는 또 '보증'에 관해 다음과 같은 이야기를 하면서 절대 보증을 서지 말 것을 신신당부했다. 나아가 아버지는 보증을 서지 말아야 하는 이유를 다음과 같이 설명했다.

"보증을 부탁하는 사람은 이미 자기 스스로 어떤 상황을 헤쳐 나가기 어려운 사람이다. 이런 이유로 보증의 결말은 100% 행복하지 않다."

그리고 아버지는 보증을 요청하는 사람에게 대처하는 법을 말했다.

"보증을 부탁하는 사람이 있다면, 자신의 경제적 능력이 가능한 범위에서 일정한 금액을 지원하는 것이 좋다. 예를 들어 1000만 원이 없어도 충분히 살 수 있다면, 그 돈은 없는 셈 치고 보증을 서 달라고 부탁하는 사람에게 빌려주는 것이다. 만약 경제적 능력의 범위가 작다면 1000만 원이 아니라 100만 원을 없는 셈치고 빌려주는 것이다. 정말 경제적 능력의 범위가 너무 작다면, 따뜻한 밥 한 끼를 사는 것으로 자신의 마음을 표시할 수도 있다."

아버지는 보증 얘기만 나오면 갑자기 목소리 톤을 높이며, 나와 동생들에게 확실하고 명쾌한 답을 요구했다.

아버지가 이렇게 '보증'에 집착하는 이유를 충분히 알고 있다. 아버지는 당신의 혈육이 아버지에게 돈을 빌린 것 외에도 이후에 보증을 섰다가 낭패를 보았고, 어머니와 아이들까지 고생을 시키고 말았다. 사람은 누구나 경험으로부터 많은 것을 배운다. 경험만큼 강렬하고 절실한 배움은 없는 것 같다. 부모님은 끝까지 신신당부했다.

"요령이 필요한 건 사실이지만, 돈은 차곡차곡 모아야 한다. 보증은 서지 말아야 하는 것이고, 돈 거래는 확실해야 한다. 남의 돈을 빌려 가면 그 돈을 꼭 갚아야 한다."

## 따뜻했던 어머니와 아버지

1970년대 중반, 어머니가 30대 초반이었을 때, 청평에서는 군인들이 대대적인 진지 공사를 했다. 이들은 산에 올라 정상 주변의 땅을 파내고, 지하에 콘크리트 벙커를 건설했다. 가마골에도 군인들이 나타났다. 그들은 산 아래서 산 중턱 공사장까지 올라갔다. 그들은 말없이 고개를 숙인 채 땅만 바라보며 걸었다. 군인들은 20대 건장한 청년들로 체력이 강인했지만, 시멘트와 자갈 같은 공사 재료를 지게에 짊어지는 건 쉽지 않았다. 종일 쉬는 시간을 제외하고 시멘트 나르기와 삽질을 반복했다. 이 공사는 며칠 만에 끝나지 않았다. 긴 기간 동안 진행되었다. 어머니의 눈에 비친 이들의 모습은 마냥 안쓰러웠다.

어머니는 그들에게 콩밥을 해주고, 김치나 나물 반찬을 나누어 주었다. 전봇대를 수리하러 온 군인들에게도 이런 친절을 베풀었다. 어머니 나이 스무 살 무렵, 월남 파병군이 탄 기차는 마석역에 멈춰 서곤 했다. 어머니는 월남 파병군을 실은 기차를 몇 차례 보았다. 그때마다 어머니는 그들의 모습을 보며 왠지 모르게 눈물이 났다고 한다. 군인들은 차창 밖으로 몸을 내밀고 있었는데, 어머니의 눈에 그들의 어깨는 아래로 축 처져 있었고, 얼굴은 밝지 않았다. 병사들은 가끔 쪽지를 적어 던졌다. 지금도 '나는 월남에 갑니다. 씩씩하게 싸워서 꼭 이기고 돌아오겠다.'는 문장이 어머니 마음에 남아 있다. 어머니는 진지공사를 하는 군인들이 안쓰럽기도 했지만 마석역에서 보았던 월남파병군인들이 생각나 친절을 베풀었다고 한다.

## 자식들의 사건 사고

청평에 살 때, 부모님은 자식들의 사건 사고로 마음을 졸인 적이 몇 번 있었다. 어른들의 실수도 있었지만, 불가항력적인 것도 있었다. 그때마다 아버지와 어머니는 가슴을 졸였다. 특히 어머니의 가슴이 매우 놀랐을 것이다. 창호지를 만들고 판매 대금으로 집안의 경제를 책임지는 것은 주로 아버지의 몫이었고, 아이들을 돌보는 것은 사실상 어머니의 몫이었다. 그러다 보니 사건 사고가 일어날 때마다 마치 어머니의 잘못인 것처럼 여겨졌다.

어머니는 자녀 양육과 집안 살림 외에도 아버지를 도와 창호지 공장에서 일했다. 거기다 공장에서 일하는 사람들을 위해 밥과 반찬을 만들고, 식사를 챙기는 것도 어머니의 몫이었다. 사고란 대부분의 경우 짧은 순간, 조그만 부주의 때문에 일어나곤 한다.

한번은 내가 3살쯤 되었을 때였다. 그날 어머니는 매우 바빴다. 어머니는 할 수 없이 나를 둘째 외할머니에게 맡겼다. 자식이 없었던 둘째 외할머니는 나와 외손주들을 매우 예뻐했다. 특히 나와 동생들은 둘째 외할머니와 한동네에 살았기 때문에 애정이 더 많았을 것이다.

이제 막 걸음마를 떼기 시작한 나는 아장아장 걷고 있었다. 그때 둘째 외할머니가 잠깐 다른 일을 하는 사이 나는 화덕 앞에서 넘어지고 말았다. 나는 빨간 숯덩이 때문에 몸에 화상을 입었다. 왼쪽 팔과 왼쪽 가슴이 불에 데었다. 어머니와 아버지는 나를 데리고 곧바로 병원에 갔다. 그러나 화상은 완전하게 치료되지 않았다. 지금도 나의 왼쪽 팔과 가슴에는 그때 그을린 자국이 검은 얼룩으로 남아 있다. 그날 어머니는 놀란 마음을 진정시키지도 못한 채 둘째 외할머니를 비롯한 집안 어른들로부터 크게 혼이 났다.

또 한번은 여동생의 발등에 금 간 적이 있었다. 어머니가 리어카에 짐을 싣고 끌고 가는데 리어카의 앞바퀴가 여동생의 발등 위를 밟고 지나간 것이다. 어머니는 깜짝 놀랐다. 어머니는 당장 여동생을 데리고 병원에 갔다. 청평은 면 소재지라 병원이 작았고, 지금처럼 시설이 갖춰진 것도 아니었다. 의사는 이곳저곳을 유심히 살펴보더니, 뼈에는 이상이 없다고 말했다. 의사는 자신이 한국전쟁에 참전해 뼈가 부러지거나 금이 간 병사들을 수없이 치료했다면서 안심하라고 했다. 그러나 어머니는 내내 불안했다. 어머니는 고민 끝에 여동생을 업고 청평 59군 병원으로 갔다. 그곳은 군 병원이고 규모가 컸기 때문에 엑스레이 같은 검사 시설이 잘 갖춰져 있었다. 엑스레이를 찍어본 결과 여동생의 발등에는 금이 가 있었다. 여동생은 군 병원에서 치료를 받았다.

한번은 남동생이 군용 지프에 치인 적이 있었다. 가마골 입구 앞에는 서울에서 춘천으로 가는 1차선 도로가 있었다. 가마골 입구에서 도로를 건너면 길가에 집이 한 채 있었는데, 외조부모님이 그 집에서 살았다. 문제는 이 도로에는 신호등이 없었다. 사람들은 차가 다니는 것을 살피면서 눈치껏 지나다녔다. 어느 날, 남동생이 외할머니에게 받은 떡을 들고 도로를 건너다 군용 지프에 치이고 말았다. 다행히 크게 다치지는 않았다.

나와 동생들이 다친 것에 대해 어머니에게 책임을 물을 이유는 없다. 앞에서도 말했지만 어머니는 할 일이 너무나 많았다.

## 도박으로 돈을 잃다

화투, 아버지는 이 단어가 나올 때마다 멋쩍은 듯 웃으며 아무런 말도 하지 않는다.

"100% 나의 잘못이다. 춥든 덥든, 아침 일찍부터 저녁 늦게까지 항상 일만 했던 너희 엄마에게 미안하지."

1975년, 우리나라는 전에 없던 경제 호황을 맞이한다. 이른바 중동 특수다. 삼환건설, 현대건설을 중심으로 어머어마한 금액이 우리나라로 들어왔고 아버지도 그 흐름을 타게 되었다. 1976년 겨울, 아버지 나이 서른여섯일 때 일이다. 아버지는 창호지 공장을 잠시 접고, 중동 근로자로 가기로 한다. 중동에 가면 나라와 기업만이 아니라 근로자 역시 돈을 두둑이 벌 수 있었다. 아버지는 중소기업인 신원건설에 채용되어 중동의 산유국인 리비아로 떠난다. 그런데 아버지는 중동에 가기 전 도박에 빠지고 만다. 아버지는 그때 먼 곳에 가는 게 확정되고 살아오면서 움켜쥐었던 책임감과 긴장이 한 번에 풀어졌다고 했다. 아버지는 1976년 겨울에만 도박으로 650만 원을 잃었다. 어머니의 기억에 따르면, 당시 목동이 개발되기 전, 오목교 근처 판잣집 한 채가 75만 원이었다고 한다. 650만 원이면 당시 철거민촌의 판잣집을 아홉 채나 살 수 있었다. 그만큼 큰돈이었다.

아버지는 자신이 도박에 빠진 원인을 한 가지 더 말했다.

"건달들이 살살 달콤한 말과 행동으로 나를 꼬드겼다. 건달들의 꼬임에 너무 쉽게 빠져들었어."

청평은 돈이 많은 동네가 아니었다. 그러나 서울과 비교하면 아버지는 돈이 있는 축에 들었다. 그러다 보니 청평의 건달들이 계획적으로 아버지에게 접근하는 일이 많았다. 아버지는 자꾸만 도박에 빠져들었던 자신의 상황을 말하면서 어색하게 웃었다. 이때 어머니는 아버지가 그 이전에도 화투라면 1박 2일은 물론 2박 3일도 덤벼들었다고 했다. 화투가 뭐가 그리 좋은지, 어머니가 아버지를 부르기 위해 보낸 동네 사람도 아버지를 데리러 가서는 돌아오지 않았다고 한다. 아버지는 어머니의 이야기를 듣기만 할뿐, 아무 말도 하지 않고 웃기만 했다. 아버지는 도박으로 큰돈을 잃은 이후 화투에 '화'자도 꺼내지 않는다. 사람들은 설, 추석 등 명절이면, 가족끼리 모여, 오락거리의 하나로 민화투를 치기도 하는데, 우리집에서는 절대 민화투를 치지 않는다. '화투'는 무조건 금기다.


## 아버지는 리비아 노동자

1977년, 아버지는 리비아에 갔다. 이 무렵 중동 특수가 시작됐다.

"박정희 정부의 전폭적인 지원을 업은 기업들이 앞다퉈 중동으로 향했다. 1975년 7억5000만 달러에 불과하던 건설 수주액이 1980년 82억 달러로 10배 이상 늘었다. 이 기간 한국 외화수입액의 85.3%가 오일달러였다. 근로자 수도 급증했다. 1975년 6000명이던 것이 1978년 10만 명에 육박했고 한때 20만 명에 달했다."

장정현, 「경향으로 보는 '그때' 1970~80년대 중동 건설 붐」, 『경향신문』, 2015.

중동 특수는 창호지 판매 감소로 어려움을 겪던 부모님에게 출구가 되어주었다. 아버지는 청평 친구들을 통해 중동 특수를 알게 되었다. 아버지는 비슷한 시기에 친구 몇 명과 함께 중동 근로자로 지원했다. 이때 함께 리비아에 갔던 분 중에 최씨 성을 가진 분이 있었다. 이분은 시계방을 운영했는데, 가게 문을 닫고 중동 근로자로 지원했다. 아버지는 그 아저씨가 지금도 쉬지 않고 일을 하며 돈을 모은다고 칭찬했다.

아버지가 중동 파견을 준비하면서 어려웠던 것은 낯선 땅에 가는 게 아니라 서류 작성이었다. 정규 교육을 받지 않은 아버지는 처음 이력서를 본 순간 어떻게 해야 할지 아득했다. 그러나 아버지는 먼저 중동에 다녀온 사람들의 도움을 받았다. 또 그들이 작성했던 서류를 참고해서 이름과 주소 등만을 바꾸는 방식으로 문제를 해결했다.

아버지는 이때 처음 비행기를 탔다. 공항 외부로 나가지는 못한 채, 면세점을 뱅뱅 돌아다닌 것에 불과하지만 여러 나라에 발을 내딛는 첫 경험이었다. 갈 때는 알래스카와 프랑스 파리 드골 공항으로, 올 때는 터키 이스탄불, 파키스탄, 태국, 홍콩 등을 경유했다. 아버지는 이때 홍콩 면세점에서 일본에서 출시한 캐논 카메라를 사 오기도 했다. 온 동네 사람들이 카메라로 여러 차례 사진을 찍곤 했던 게 선연하다.

아버지는 리비아에서는 콘크리트 타설 작업을 했다. 콘크리트 타설은 처음 해보는 일이었지만 어릴 때부터 몸으로 일하고, 창호지 공장을 할 때도 간단한 미장 공사와 목공 작업을 직접해봤기에 타설 작업은 아버지에게 크게 어렵지 않았다.

아버지는 오티야 공항과 마주라타 주택 건설에 참여했다. 숙소는 가건물로 요즘 근교에서 흔하게 볼 수 있는 창고였다. 날씨는 무더웠지만 습하지 않았다. 다만 가끔 모래바람이 심하게 불면 불도저로 치워야 하는 상황이 벌어지기도 했다. 어떤 날은 모래에 맞서 물안경을 쓰고 얼굴은 천으로 두른 채 일을 해야 했다. 정말 심하면 몇 미터 앞에 있는 사람도 보이지 않을 정도였다.

리비아에서 아버지가 느낀 것 중 하나는 카다피가 훌륭한 사람이었다는 사실이다. 카다피는 스물일곱에 쿠데타로 왕을 쫓아내고 일인자가 되었다. 아버지가 리비아에 갔을 당시 카다피는 서른다섯이었다. 당시 아버지는 서른여섯으로 카다피와 한 살차이 밖에 나지 않았다. 아버지는 본인 또래인 카다피가 인상적으로 다가왔던 것 같다.

"카다피가 정치를 아주 잘했지. 대수로를 파고, 내륙의 물을 끌어와서 사막을 옥토로 바꿨어. 거기다가 경제 정책을 잘 펴서 먹을 것도 그렇고, 다른 것들도 물가가 매우 낮았어."

그러나 2011년 카다피는 권력의 최정상에서 쫓겨났다. 이때 카다피 나이는 일흔이었다. 사람들은 그가 권력에서 쫓겨나 죽은 이유에 대해 여러 이야기를 한다. 아버지는 이렇게 말했다.

"사람이 욕심을 부리면 안 된다. 카다피는 나이가 들면서 혼자 권력을 누리려 했고, 이것이 원인이 되어 결국 죽임을 당한 거지."

중동에서 아버지는 주중에 일하고, 주말에는 쉬었다. 간혹 주말이면 시내 구경을 하기도 했지만 술을 마시거나 마음껏 돌아다니지는 못했다.

또 혼자 다니지 않고 여러 명이 함께했다. 여기서 함부로 잘못을 저지르면 이슬람법에 따라 손목을 자른다는 이야기를 들은 데다 당시 리비아에는 북한 대사관만 있고, 한국 대사관은 없었다. 이때 남한과 북한은 서로를 비방하고 공작을 꾸미면서 정치, 경제 등 모든 면에서 치열한 대결을 벌였다. 아버지와 동료들은 혹여 외출 시 무슨 일이 벌어졌을 때, 한국 대사관의 도움을 받을 수 없다는 사실 때문에 더욱 행동을 조심했다. 당시 리비아에 갔던 한국인 노동자의 일상은 요즘 한국에서 볼 수 있는 외국인 노동자들의 일상과 다를 게 없었다.

아버지는 중동에 머문 1년 중 몇 개월은 매일 50인분의 밥과 반찬을 준비해야 했다. 종일 주방 일만 했던 셈이다.

아버지는 18살에 임실에서 남양주 마석 월산리로 이주한 후부터 28살에 어머니와 동거를 시작하기 전까지 매일 혼자 밥을 해먹는 날이 많았다. 말 그대로 아버지는 밥을 짓는 실력이 있었던 셈이다. 아버지는 웃으면서 내가 밥 하나만큼은 잘하지 않냐고 했다.

아버지가 속한 신원개발은 후에 부실 기업으로 타 회사에 매각이 되었다. 그러다 보니 상대적으로 급여도 낮고 먹을 것이 부실했다. 이 사실을 알고, 어머니는 아버지에게 별도로 미숫가루를 보내주기도 했다. 또 아버지는 아버지 대로 시내에 나가서 리비아식 통닭을 사 먹곤 했다.

또 어떤 날은 양의 머리, 내장, 꼬리 등을 먹기도 했다. 리비아 사람들은 양의 몸통 외에 내장, 머리, 꼬리 등은 먹지 않는다. 아버지는 리비아 사람들에게 "개에게 주려고 하는데, 양의 머리, 꼬리, 내장이 있으면 주십시오."라고 말한 뒤, 그것들을 가져와서 요리를 했고, 동료들과 함께 먹었다. 어떨 때는 양 한 마리를 통째로 요리해 먹기도 했다. 그런데 이 양은 회사에서 제공한 것이 아니었다. 양고기에는 숨은 비밀이 있었다. 리비아 사람들은 양을 수백, 수천 마리씩 몰고 다녔다. 아버지의 동료들은 무리에서 뒤처진 양을 몰래 숨겨 놓았다. 그리고 그 양을 잡아먹었다. 이것은 범죄라기보다는 약간의 재미였다고 한다.

어머니는 아버지가 리비아에 간 후, 창호지 만드는 일을 하지 않았다. 창호지는 혼자 할 수 있는 일이 아니었다. 그러나 어머니는 쉬지 않았다. 아버지 수입 외에 미래를 위해 더 많은 돈을 벌고자 했다.

사방공사는 구조물과 나무를 이용해 자연재해를 막는 것이다. 정부는 산에 나무를 심는 사방공사를 전국적인 규모로 진행했다. 청평 종묘장도 이런 흐름 속에서 생겨났다. 어머니는 아침부터 저녁까지 씨나 싹을 심어 묘목으로 만드는 일을 했다. 아버지의 수입 외에 어머니의 수입이 보태지면서 더 많은 돈을 모을 수 있게 되었다.

리비아에 다녀온 후, 아버지와 어머니는 다시 창호지 공장을 시작했다. 그러나 이미 가파르게 감소하는 창호지 수요는 회복되지 않았다.

1970년대 산업화가 진행되면서 농촌은 해체되었다. 서울, 부산 등 도시에는 현대화된 수많은 공장이 들어섰다. 중동 특수로 엄청난 양의 외화가 우리나라로 들어오는 것도 이에 큰 몫을 했다. 농업에 종사하던 많은 사람이 도시로 모여들었다. 서울에는 일자리가 많아 돈을 벌 가능성도 높았고, 전기, 의료, 통신, 교육 등 사회 전 분야 혜택도 많았다. 서울같은 도시에는 전기가 일찍 들어왔지만, 강원도, 경상도 산골에서는 이런 편리한 기기의 도입이 늦춰졌다.

농촌 사람들은 도시의 외곽에 무허가 판잣집이나 사글셋방에 주거지를 정하고, 공장 노동자가 되거나 장사를 시작해, 도시의 빈민으로서 삶을 시작했다. 산업화의 물결은 아버지와 어머니가 운영하는 공장에도 영향을 미쳤다. 영향을 미친 정도가 아니라 사실상 망하게 만들었다. 산업화가 되면서 집의 문과 창문에 창호지 대신 유리를 사용하게 되었고, 이 결과 창호지의 수요가 대폭 감소했다. 사실 돌아보면 아버지가 결단을 내려야 하는 순간은 이때였다. 열흘 붉은 꽃은 없다. 마찬가지로 영원한 것은 절대 없다. 창호지 만들기는 더는 비전이 없었다.

이때 마침 아버지와 어머니에게 새로운 제안이 들어왔다. 그해 연도는 1979년이다. 그분은 아버지와 어머니가 알고 지내던 사람으로 벽돌 공장을 할 생각이 없냐고 물었다. 어머니는 청평 생활을 정리하고, 구리 교문리로 가서 "직접 벽돌을 만들겠다."고 했다. 그러나 아버지는 망설였다. 아버지와 어머니에게 제안을 했던 분이 다시 말했다.

"건설업이 호황이네, 세상에 다시 없을 기회야!"

그의 말이 맞았다. 산업화가 되면서 농촌의 초가집과 서울의 판잣집은 하나둘 벽돌집으로 바뀌었다. 또 공장이나 창고 같은 건물을 짓느라 벽돌의 수요가 계속 증가했다. 현대그룹 창업자 정주영도 이때 건설 붐을 타고, 현대를 크게 확장시켰다.

제안을 했던 분은 한 가지 좋은 점이 더 있다며 덧붙였다.

"벽돌 공장 터를 잡으려는 곳이 모래 퇴적층이네. 여름만 되면, 장마가 지고, 그때마다 상류에서 모래가 쓸려 내려오고, 그것이 벽돌 공장 근처에 쌓이게 된다네."

좋은 조건으로 벽돌의 원재료인 모래를 공짜로 얻을 수 있었다. 이보다 좋은 기회는 없을 듯했다. 게다가 교문리는 서울과 가깝기 때문에 사람이 계속 늘어나는 곳이었다. 교문리는 벽돌에 대한 수요가 원래도 많았지만, 앞으로도 계속 증가할 곳이었다. 어머니는 지속적으로 의사를 피력했지만 아버지는 계속 망설였다. 아버지의 사연을 들은 사람들은 아마도 이렇게 말할지 모르겠다.

"한일순 씨가 창호지 공장을 해서 돈도 어느 정도 모았던 경험이 있고, 창호지를 만드는 것이 오랜 동안 해온 익숙한 것이라 쉽게 다른 업종으로 전환을 못했을 거예요."

아버지는 그때 결정하지 못한 이유를 설명했다.

"내 나이 열여덟에 전라도 임실을 떠나 서울과 경기도에서 품팔이를 했지. 그리고서 중동 근로자로 리비아에도 갔다 오고, 창호지 공장을 운영하면서 돈을 벌기 위해 서울을 비롯해 이곳저곳 왔다 갔다 했다. 그렇긴 해도 결국 나는 '시골 사람'에 불과했어."

아버지는 급변하는 사회의 큰 흐름을 정확하게 짚어내지 못했다. 어떤 일이 되려면, 사회의 변화를 잘 읽어야 한다. 아버지는 나중에 서울에서 장사를 하면서 사회가 어떻게 변하는지, 그 모습을 읽는 능력이 이전보다 좋아졌다고 했다.

사람의 생각이 바뀌려면 일정 시간이 필요하다. 주변 환경의 영향은 물론 스스로의 고민도 필요하다. 한두 번의 대화로 생각이 바뀔 수 있을까? 평소 아버지가 벽돌 공장에 대한 생각이 있었거나, 창호지 공장 대신 뭔가 새로운 것을 하려고 고민을 하고 있었다면 모를까. 어느 날, 지인분이 찾아왔고, 그분과 대화를 하면서 벽돌 공장이 향후 더 많은 돈을 벌 수 있는 길이라는 이야기를 논리적이고 합리적인 말로 들었다고 해서 곧바로 아버지의 생각이 바뀐다는 것은 정말 쉽지 않은 일이다. 이런 경우는 아버지 외에도 누구나 마찬가지였을 것이다. 뿐만 아니라 아버지에게는 또 다른 이유가 하나 더 있었다.

"내가 일자무식인데 벽돌 공장을 하려면, 계약서도 작성해야 하고, 거래처 장부도 관리 해야 하는데 나는 이런 능력이 부족했어."

아버지는 여기에 덧붙였다.

"아마 교문리에서 벽돌 공장을 했다면, 너희 엄마와 함께 조그맣게 공장을 하면서, 리어카로 벽돌을 배달했겠지. 나중에 정말 돈을 많이 벌었을지는 모르겠다."

아버지와 어머니에게 벽돌 공장을 하자고 제안했던 분은 후에 벽돌 공장으로 꽤나 많은 돈을 벌었다고 한다. 어머니는 아버지가 결정을 내렸어야 하는데 그걸 못했다며 아쉬워했다.


## 결국 창호지 공장은 문을 닫았다


청평에는 아버지와 어머니 외에도 창호지 공장을 하는 사람이 몇 명 더 있었다. 그들도 아버지와 어머니처럼 열심히 일했다. 어떤 사람은 창호지 공장에 새로 기계를 도입했다. 사람이 직접 했던 창호지 뜨는 작업을 기계로 대체하고, 이를 통해 인건비를 줄이고, 이익을 증가시키려 했다.

그러나 한 명을 제외하고 모두 공장 문을 닫고 말았다. 그 한 명이 장용훈 씨다. 그는 한때 아버지와 함께 일했고, 스스로 창호지 공장을 운영하기도 했다. 장용훈 씨는 지금은 고인이다. 아버지는 그에 대해 이렇게 추억했다.

"창호지를 뜨는 기술이 좋았지."

장용훈 씨는 2010년 제117호 국가무형문화재로 지정받았다. 그는 해외 전시회에도 참여하고, 여러 권의 잡지와 책자에도 소개되었다. 어린 시절, 나는 "장 씨 아저씨, 안녕하세요."하고 인사를 하곤 했다. 내 기억 속에 그분은 '장인 장용훈'이 아니라 '장 씨 아저씨'였고, 여름이면 반소매 러닝에 장화를 신고 일하는 분이었는데, 잡지와 신문에 소개되는 모습을 보고, 느낌이 새로웠다.

어머니는 장용훈 씨 부인과 매우 친했다. 어머니와 장용훈 씨의 부인이 늦은 저녁 문 앞에 앉아 서로 웃으며, 이야기하던 장면이 기억난다. 장용훈 씨 부인은 결혼 후, 그 시대를 살았던 많은 분처럼 여러 고생을 많이 하다 젊은 시절 죽고 말았다. 아버지와 어머니는 장용훈 씨 부인이 힘들어 할 때마다 도와주기도 했으며, 어떨 때는 창호지를 팔아 마련한 돈으로 사탕을 사다주기도 했다.

어머니 말씀에 따르면, 장용훈 씨의 어머니는 선한 얼굴만큼 마음씨도 참 좋은 분이었다고 한다. 어머니가 여동생을 낳았을 때, 아버지는 공장 일을 하느라 집안일에 신경을 쓰지 못했다. 어머니가 며칠 누워있자 집안에는 속옷, 겉옷, 수건 등 온갖 빨래가 한가득 쌓였다. 그런 어느 날 집안에 쌓인 빨래가 모두 깨끗하게 정돈되어 있었다. 한쪽 팔이 불편한 장용훈 씨의 어머니가 그 많은 빨래를 모두 깨끗하게 빨아준 것이었다.

창호지를 만드는 사람들은 그 직업을 계속 이어갈 수 없게 되었다. 어쩔 수 없이 그들은 모두 다른 업종을 찾을 수밖에 없었다. 그러나 장 씨 아저씨는 창호지 만들기 전통을 잇기 위해 노력했고, 그 결과 국가무형문화제가 되었다.

뒤에 이야기하겠지만, 창호지 공장이 문을 닫고, 아버지와 어머니는 서울이란 새로운 곳에서 새로운 일을 시작했을 때, 이것에 적응하느라 힘들어 했다. 아버지처럼 창호지 공장을 운영했던 사람들은 물론이고, 창호지 공장에서 일을 했던 사람들도 다른 직업을 찾아야 했다. 아마 그 과정은 누구에게나 힘들고, 가혹한 시련이었을 것이다. 1960년을 지나 산업화 과정에서 농민들과 가내 수공업자들이 일방적으로 피해를 볼 수밖에 없었고, 대신 많은 기업들이 농촌에서 올라온 사람들을 고용해 낮은 인건비로 큰돈을 벌 수 있었다. 또 많은 사람이 도시의 빈민이 되었다.


## 외할아버지에 대한 어머니의 서운함

청평은 가평군의 외서면에, 항사리는 가평군의 상면으로 서로 멀지 않았지만 경제적으로 문화적으로 차이가 있었다. 항사리는 서울을 중심으로 볼 때, 청평보다 거리가 더 멀고, 구석진 곳이었으며, 인구도 훨씬 적었다. 또 청평은 때가 되면 서울 사람들이 놀러 오는 등 서울과 교류가 잦았다. 뿐만 아니라 청평에는 당구장이나 극장 같은 오락시설은 물론, 초등학교, 중학교, 고등학교가 있었고, 청평에서 서울까지 기차가 다녔다. 청평에서 춘천까지도 아스팔트가 깔려 있었다. 그러나 항사리에는 이런 것들이 전혀 없었다. 또 청평에서 항사리를 거쳐 현리로 연결되는 길은 비포장도로였다.

1980년 초, 아버지와 어머니는 항사리 때문에 크게 다퉜다. 어머니는 아버지가 리비아 근로자로 번 돈을 착실히 모았고, 아버지와 상의하여 그 돈으로 친척 소유의 땅과 집을 구입했다. 이때 어머니는 성실하게 돈을 모아 자신의 땅을 샀다는 생각에 무척 기뻐했다. 어머니에게 이보다 기분 좋은 일은 없었을 것이다. 특히 어머니와 아버지는 가진 것이 없었고, 의지할 곳도 변변치 않았다. 그러나 어머니의 행복은 일장춘몽이 되고 말았다. 직접적인 원인은 아버지의 결정 때문이었다.

어머니는 앞으로 돈을 벌고 자식을 교육시키려면 도시로 나가야 한다고 생각했다. 그러나 아버지는 창호지로 넉넉하게 돈을 벌었던 시절에 대한 미련과 새로운 것을 하는 것에 대한 두려움이 있었다. 아버지는 청평 생활을 정리하고, 항사리로 간 다음 그곳에서 창호지 공장을 계속하고 싶어 했다.

청평과 항사리 사이에서 고민하던 아버지는 항사리를 선택했다. 마음을 굳힌 아버지는 친척들에게 구입한 집과 땅을 비롯해 자신 소유의 공장터를 바로 옆집에 살던 최철규에게 팔았다. 이 과정에서 아버지는 어머니에게 한마디 상의도 하지 않았다. 어머니가 화를 내는 건 당연했다. 그러나 어머니의 주장은 반영되지 않았다. 이미 집과 땅, 공장 터는 팔았고, 아버지의 마음은 항사리로 굳어져 있었기 때문이다. 결국 어머니는 아버지의 결정을 받아들였다.

그러나 이때 어머니를 더욱 힘들게 했던 건 집과 땅에 관련된 친척들의 요구였다. 친척에게 구입한 집과 땅의 판매 대금은 원래 구입했던 금액보다 높았다. 아버지와 어머니는 친척의 집과 땅으로 의도치 않게 일정한 이익을 본 셈이었다. 그러자 친척들이 아버지와 어머니에게 판매 이후 발생한 이익금을 내놓으라고 했다. 그들은 아버지와 어머니가 앞으로 외할아버지와 외할머니를 모시는 조건으로 집과 땅을 팔았는데, 항사리로 이사를 간다면, 외할아버지와 외할머니를 모시지 않게 되기 때문에 약속을 위반한 것이라 주장했다. 따라서 땅을 팔고 남은 이익을 돌려줘야 한다는 것이었다. 이때 아버지는 담담했지만, 어머니는 매우 서운했다. 집과 땅을 구입할 때 그에 상응하는 가격을 지불했다. 게다가 이익을 본 사람이 다른 사람도 아니고 가족이다. 그 돈은 크다면 크고, 작다면 작은 돈이지만 그 돈을 돌려 달라고 하다니. 이미 법적으로 집과 땅의 주인까지 바뀐 마당에……

어쩌면 어머니는 외할아버지에게 내내 서운했을 지도 모른다. 어머니는 결혼 전에 외할아버지 밑에서 아무런 보수도 받지 않고 창호지 만드는 일을 했다. 결혼할 때 외할아버지가 지원해준 것은 아무것도 없었다. 어머니는 단지 아버지의 따뜻한 정을 느껴보고 싶었는데 그게 그리 어려웠다. 어머니는 땅을 팔고 남은 이익에 대해 당신의 아버지가 친척들에게 간섭하지 말라고 얘기하기를 원했다. 그러나 외할아버지는 끝끝내 딸의 편을 들지 않았다.

아버지와 어머니는 '판매 후 발생한 이익금'을 친척들에게 돌려주고 항사리로 떠났다. 아버지와 어머니는 이후에도 때가 되면 항상 외할아버지와 외할머니를 찾아뵈었다. 부녀간에, 모녀간에, 장인과 사위 간에 틈은 벌어지지 않았다. 외할머니가 돌아가신 후, 외할아버지는 어떤 여성과 함께 살았다. 아버지와 어머니는 외가댁에 갔을 때, 외할아버지와 함께 살고 계셨던 여성분을 만났다. 그때마다 아버지와 어머니는 여성분에게 5만 원 가량의 적지 않은 돈을 드리곤 했다.

## 장고 끝에 악수, 그러나 어머니의 결단

장고 끝에 악수라는 말이 있다. 아버지의 결정으로 청평에서 항사리로 간 것은 꼭 이 말에 해당한다. 항사리는 아버지에게 낯선 곳이 아니었다. 아버지는 20대 전후로 품팔이를 하던 시절, 연하리와 현리 사이에 있던 조종천 둑 공사에 참여했다. 항사리는 연하리와 붙어 있다.

항사리는 청평 가마골만큼 산 좋고 물 좋은 곳이었다. 거주 규모에 비해 들판도 넓었기 때문에 농사 짓기도 좋았다. 아버지와 어머니는 300여 평 규모의 집을 사서, 한쪽에 창호지 공장을 만들었다. 물은 지하수를 사용했다. 동네 사람 중에 두 명을 직원으로 채용하고, 아버지와 어머니는 밤낮 없이 일했다. 여동생과 남동생은 고개 너머 임초리에 있는 초등학교에 다녔다.

그러나 아버지에게 이익은 남지 않았다. 1년 동안 열심히 일했지만 미래는 보이지 않았다. 당연한 결과였다. 어디를 가도 초가집은 없었다.

초가집이 콘크리트집으로 바뀌고, 창호지를 바르던 문짝이 유리문으로 바뀐 마당에 창호지의 수요는 아예 없는 것이나 마찬가지였다. 창호지 수요가 없는 상황에서 계속 창호지를 만든다는 것은 누가 봐도 말도 안 되는 행동이었다. 아버지는 그때를 회상하며 경제적으로 정말 어려웠다고 했다.

아버지는 힘들다는 말을 쉽게 내뱉는 사람이 아니었다. 그런데도 아버지가 '정말'이란 단어까지 넣어서 말한 것을 보면, 당시 겪은 어려움이 매우 심했던 것으로 보인다.

어느 날, 어머니가 애들 교육도 시켜야 하니 서울로 가자고 했다. 아버지는 항사리에서 좀 더 살아보고 싶었다. 그러나 이번에는 어머니의 말을 순순히 따랐다. 미래에 대한 별다른 뾰족한 수가 없었기에 수용할 수밖에 없었다. 게다가 아버지와 어머니는 어린 나이에 서울 이모 집에서 홀로 있는 큰아들을 내내 걱정했다. 부모님은 청평에서 항사리로 이사를 가기 전, 이제 막 5학년이 된 자식의 더 나은 교육 환경을 위해 나를 서울 이모네 집으로 보냈다. 나는 그곳에서 1년 동안 국민학교를 다녔다.

여동생과 남동생은 항사리에서 잘 적응했다. 둘은 친구들과 잘 지냈고, 공부도 잘했다. 그렇지만 부모님은 자식들에게 더 질 높은 교육의 기회를 주고 싶어 했다. 특히 이런 마음은 어머니가 더 강했다. 어머니에게는 삼 남매를 모두 대학에 보내겠다는 열망이 있었다. 당시 농촌에서는 공부를 잘하더라도 대학을 가는 게 쉽지 않았다. 대학생 선발인원도 적었고, 도시와 농촌 간의 학력 격차도 심했다. 서울로 가는 것이 대학교 입학을 보장하는 것은 아니었지만, 아이들 대학 입학의 가능성을 높이는 방법

중 하나였다.

아버지는 학교 문턱에도 가보지 못한 일자무식이었고, 어머니는 국민학교 2학년까지 밖에 다니지 못했다. 아버지와 어머니는 배움이 짧아 힘들었던 적이 한두 번이 아니었다. 따라서 부모님에게 나와 동생들의 대학교 입학은 중요한 문제였다. 아버지는 항사리로 간 결정은 잘못된 판단이었다고, 서울로 오길 잘했다고 생각했다. 내가 만약 서울로 오지 않고, 항사리에 계속 살고 있었다면 어떻게 살았을 것 같냐고 묻자 어머니는 단호하게 말했다.

"네 아버지는 부지런하니까! 농사를 짓든, 무엇을 하든, 어떻게든 가족들을 먹여 살렸을 거다. 그러나 자식 모두를 대학에 보내지는 못했을 거예요."

## 또다시 중동 근로자가 되다

1980년 어느 날, 아버지와 어머니는 아침부터 부지런히 움직였다. 아버지는 작은 밥상, 텔레비전을 보자기에 싸서 끈으로 묶었고, 어머니는 밥그릇, 숟가락, 이불, 옷 같은 살림살이를 챙겼다. 그러나 장롱 같은 부피가 큰 것은 방안에 그대로 남겨놓았다. 이렇게 하는 데는 이유가 있었다. 이사 갈 서울집이 너무 작았기 때문이다. 그러다보니 생필품 외에 가져갈 수 있는 물건이 하나도 없었다.

항사리 집 대문 밖에는 크기가 작은 파란색 트럭이 한 대 서 있었다.

아버지는 보자기에 싼 짐들과 텔레비전을 트럭에 실었다. 그동안 친분 있던 분들과 인사를 나눈 뒤 트럭은 항사리에서 청평으로 나온 다음, 마석과 평내를 지나 서울로 달렸다.

우리 식구가 자리 잡은 곳은 관악구 봉천동이었다. 지금 이곳은 모두 아파트촌으로 바뀌었다. 그러나 1981년만 해도 봉천동은 일부 지역을 제외하고는 산비탈에 조그만 집들이 다닥다닥 연이어 붙어 있던 빈민촌이었다. 이 무렵 〈달동네〉라는 드라마가 최고 시청률 60%를 기록하는 등 선풍적인 인기를 끌고 있었다. 이 드라마가 시작될 때 나오는 배경이 바로 이곳, 봉천동 달동네였다.

단칸방의 작은 창을 열면 멀리 건너편에는 산꼭대기에 다닥다닥 자리 잡은 집들이 보였다. 드라마 〈달동네〉를 보면 한 집에 단칸방이 여러 개 있고, 방마다 한식구가 모여 산다. 어떤 방에는 아빠, 엄마, 딸 이렇게 셋이 살았고, 또 어떤 방에는 언니와 동생 등 방마다 각각 사연이 다른 가족들이 하루하루 열심히 일하며 살고 있었다. 우리 식구가 살던 집도 드라마와 다를 바 없이 동일했다. 부모님과 동생들까지 다섯 식구가 누우면 꽉 차는 그런 집이었다. 이불과 옷가지, 텔레비전 등 기본적인 살림살이는 방안의 나무 선반 위에 올려놓았다. 밥과 반찬은 단칸방에 불을 지피는 연탄 아궁이와 석유 곤로를 이용했다. 단칸방에서 미닫이문을 열고 나오면, 어른 한사람이 누우면 딱 맞는 마루가 있었고, 마루 아래는 어른 다섯 명이 서 있으면 꽉 차는 조그만 마당이 있었다.

이 마당에서 아침저녁으로 손발을 닦고 세수를 했다. 마당 한쪽에는 우리 가족이 살던 방보다 큰 방이 있었다. 그 방의 크기는 우리 가족이 살던 방보다 두 배였고 다락이 있었다. 그 방에 둘째 이모의 가족이 살았다. 작은 마당에서 대문을 열고 나가면, 우측에는 화장실이 있었다. 집은 산비탈에 있어서 큰길까지 가려면 대문을 나와 경사가 급한 계단을 한참 내려와야 했다. 당시 둘째 이모부는 백화점에서 일했는데 그때만 해도 우리나라에는 백화점이 몇 개 없었다. 그것도 서울에만 있고 지방에서는 백화점을 찾기 어려웠다. 서울에는 새로나, 미도파, 코스모스 같은 백화점 세 개가 있었는데, 둘째 이모부는 코스모스백화점에서 일했다.

'깜깜하고 막막하다. 딸린 자식이 셋인데 어떻게 어머니까지 모시고 사나. 집이라고는 단칸방이고 이것도 동생이 준 월세방인데.'

당시 어머니가 느낀 감정이다. 서울에는 우리 식구가 생활의 근거지로 삼을 만한 게 없었다. 친척 몇 분이 살긴 했지만 각자 형편이 달랐고 자신의 가정이 있었다. 사실 친척 누구를 떠올려도 우리와 비교해서 크게 나은 게 없었다. 딱 한 가지 부모님에게는 밑천이 있었다. 바로 남대문 지하상가였다. 그러나 아버지와 어머니는 오래된 일이라 그 상가를 이때 소유한 것인지, 아니면 이후에 소유했던 것인지 알지 못한다. 상가의 소유 여부와 상관없이 어머니는 이때 겹친 여러 상황 때문에 매우 힘들어 했다.

어쨌든 서울 생활을 새롭게 시작한 이상, 모든 것을 책임져야 했다. 그러나 아버지는 어머니와 달리 앞날에 대해 부정적으로 생각하지 않았다. 일단 아버지는 아직 젊기 때문에 뭐든지 할 수 있다는 자신감이 있었다. 더불어 아버지에게는 믿는 구석이 따로 있었다. 바로 '사우디아라비아'였다. 1973년경부터 시작된 중동 특수는 이 무렵 절정을 향해 달리고 있었다.

사우디아라비아는 중동 국가 중에서도 경제적으로나 군사적으로 봤을 때 가장 강력한 국가였다. 아버지는 현대건설에 이력서를 제출했다. 아버지가 사우디아라비아에 건설 노동자로 가는 건 어렵지 않았다. 이미 중동에서의 경험이 있었다. 여전히 아버지는 건강했고 리비아에 갔다 온 경력이 있었기에 심사는 서류를 제출하는 정도로 끝났다. 처음 리비아에 갈 때는 무거운 짐을 옮기는 시험이 있었는데, 사우디아라비아에 갈 때는 따로 시험이 없었다.

사우디아라비아 생활은 어렵지 않았다. 충분히 할 수 있는 일들이었다. 아버지가 했던 일은 콘크리트 타설 작업으로, 리비아에서 했던 것과 동일했다. 다만 달라진 것은 아버지가 작업 조장되었다는 것이다. 아버지는 인도 노동자 스무 명과 함께 일했다. 작업장은 수도 리야드 근처였다. 그때 아버지는 왕궁 건설에 참여했는데 그게 왕을 위한 것인지, 왕자들을 위한 것인지, 그것까지 알지는 못했다고 한다.

아버지는 일도 열심히 했지만, 함께 일하는 사람들과도 잘 지냈다. 아버지는 매일 가장 먼저 일어났고, 아침마다 꼬박꼬박 얼음을 챙겨 나갔다. 인도 노동자들이 마실 물을 챙기는 것은 아버지의 몫이었다. 얼음은 인원 수에 따라 배급제로 공급되지 않았다. 아침마다 공급되는 얼음의 양은 한정되어 있었다. 따라서 아버지가 늦게 움직이면 얼음을 충분히 챙기지 못하게 되었다. 그렇게 되면 찬물 대신 미지근한 물을 먹어야만 했다. 아버지는 이렇게 생각했다.

"이왕이면 미지근한 물보다. 얼음물을 주는 것이 더 좋은 일 아닌가!"

"근로 환경은 가혹했다. 7, 8월이면 기온이 40~60도까지 올라가, 온몸을 가리고 일해야 했다. 수돗물엔 석회분이 많아 마시면 배탈이 나고 담석증을 유발했다."

장정현, 「경향으로 보는 '그때'—1970~80년대 중동 건설 붐」, 경향신문, 2015.

얼음물은 어떻게 보면 작은 일에 불과할 수 있다. 하지만 받는 사람 입장에서는 기분이 좋은 일이고, 기분이 좋아야 일도 잘할 수 있다는 게 아버지의 생각이었다. 아버지는 현장 소장의 추천으로 표창장도 받았다. 현장 소장의 추천장은 해외 현장으로 일하러 갈 때 보증 수표 같은 것이었다. 작아 보이지만 이런 것도 아무나 받지 못했다. 일단 일을 열심히 해야 하고, 또 현장 소장하고도 소통을 잘해야 했다. 상으로 이불 한 채가 나왔다. 언론보도에 따르면, 1977년 현대건설에서는 대규모 노동쟁의가 있었다.

"이듬해(1977년) 3월 주베일에서 대규모 노사분규 사건이 일어났다. 주변 업체보다 임금이 적었던 건설근로자들이 임금인상을 요구한 것이었다."

김태완, 「땀 흘린 熱砂의 中東 근로자 잊은 것 같아 섭섭해」, 『월간조선』, 2019.

그러나 아버지가 현대건설 근로자로 일할 때는 먹을 것이 뷔페식으로 잘 나왔고, 양도 풍부했으며, 회사 측에서 운동화, 옷 등도 잘 챙겨주었다고 한다. 아버지는 아침마다 운반용 차에 시멘트, 물 등을 비롯해 인도 근로자 열 명을 태우고, 작업장으로 갔다. 돌아올 때도 운반용 차를 이용했다. 운반용 차는 경운기와 모양이 비슷했다. 어느 날 아버지는 죽을 뻔한 위기를 겨우 넘길 수 있었다. 아버지가 몰던 운반용차가 수로로 떨어질 뻔 한 것이다. 만약 운반용 차가 수로로 떨어졌다면 큰 사고가 나는 것은 분명했다.

아버지는 1년 연장 근무를 신청했다. 그러나 근무 기간 1년을 모두 채우지 못했다. 연장 기간 중에 다리가 골절되는 부상을 입었기 때문이다. 보통 보도블록을 운반할 때, 지게차를 이용한다. 팔레트에 보도블록을 차곡차곡 쌓고, 그것이 흔들리지 않도록 밧줄로 잘 묶어야 한다. 그래야 보도블록이 떨어지지 않는다. 사고가 나던 날, 인도 근로자들은 보도블록을 제대로 묶지 않았다. 지게차가 움직이려는 순간 보도블록이 아버지 다리 위로 쏟아져 내렸고, 결국 아버지는 발을 크게 다치고 말았다.

한국으로 돌아온 아버지는 한남동 순천향대학교 병원에 입원했다. 이때 회사에서는 월급의 60%가 지급되었다. 당시만 해도 급여의 60%를 지급하는 건 나쁘지 않았다. 다른 작은 건설 회사들은 이정도로 보상하지 않았다. 이때 나는 중학교를 다녔는데 어머니가 끓인 사골을 통째로 들통에 넣어서 순천향대학교 병원에 가지고 갔던 기억이 난다.

당시 병원에는 아버지처럼 다친 환자 몇몇이 치료가 끝났음에도 퇴원을 하지 않고 있었다. 그들은 변호사까지 동원해 불필요한 재수술을 계속하면서 돈을 더 받아냈다. 게다가 그들 중에는 수술 후유증으로 장애인이 되는 경우도 있었다. 그러나 아버지는 그렇게 하지 않았다. 재수술 권유에 대해서도 팔다리만 성하면 수술하고 싶지 않다고 얘기했다. 아버지는 장애인이 되는 게 싫었다. 아버지는 이렇게 덧붙였다. "나는 키도 작은데, 다리까지 절면 사람들이 놀릴 것 같아요."

아버지는 보상금으로 200만 원을 받았다. 아버지는 치료 과정에서 뼈와 뼈 사이에 쇠를 넣고 뽑지 않았는데, 그 후유증 때문인지 최근에는 다리를 약간씩 절곤 한다.


## 박정희 아이러니

1980년 아버지의 창호지 공장은 망했다. 그 결과 아버지와 어머니는 자식들을 데리고 서울로 올라왔다. 그러나 아버지는 중동 특수로 반전의 실마리를 잡았다. 이 과정은 아이러니하다. 박정희가 주도한 '새마을운동'과 함께 초가집이 없어지고, 벽돌집이 등장하면서 아버지의 창호지 공장은 수요 부족으로 문을 닫고 말았다. '새마을운동'을 확산시키는데 일조했던 '새마을 노래' 2절에는 '초가집도 없애고 마을 길도 넓히고'라는 가사가 나온다. 아버지는 어머니와 동거를 시작하면서 본격적으로 창호지를 만들었고 이 돈으로 자식들을 키우고 생활의 안정을 찾아갔다. 그러나 아버지는 '초가집도 없애고'라는 구절과 함께 망했다. 마흔에 무일푼인 채로 서울에서 새로운 생활을 시작해야 했다.

아버지는 분명 박정희가 주도한 '새마을운동'의 피해자다. 그러나 아버지는 박정희 주도 하에 이루어진 중동 특수로 서울 생활의 밑천을 마련할 수 있었다. 아버지는 박정희에 대한 이중적인 감정이 있을 뿐 그를 싫어하거나 비난하지 않는다. 그때도 어머니는 쉬지 않고 일했다. 어머니는 중부시장에서 젓갈, 미역 등을 구매해 청평과 항사리에서 팔았다. 모든 운반은 머리에 이거나 손에 들고 움직였다. 어머니가 이런 장사를 하는 데는 이유가 있었다. 어느날 어머니가 일을 마치고 돌아왔을 때, 나와 동생들은 밥도 먹지 않은 채 어머니를 기다리고 있었다. 어머니는 이 모습을 보고 가슴이 아팠다고 한다. 보따리 장사를 하면 일 마치는 시간을 조절할 수 있고, 그렇게 되면 밥은 충분히 챙겨 줄 수 있겠다는 게 어머니의 생각이었다.

## 청계천 부동산 중계소와 포장마차

어머니는 보따리 장사로 생활비를 충당하고, 아버지가 사우디아라비아에서 보내주는 돈을 착실하게 모았다. 아버지가 사우디아라비아에 있을 때, 우리 가족은 이모집 단칸방에서 벗어날 수 있었다. 당시 중동 근로자의 월급은 국내 근로자의 임금과 비교할 수 없을 정도로 많았다.

"1970~1980년대 우리 건설근로자들이 모래바람과 싸우며 고생을 많이 했어요. 그 덕에 돈을 벌어 집에 보내주었잖소. 사글세를 살던 이들은 전세로 옮기고, 전세로 살던 이들은 조그마한 집을 장만하

122

고……. 다들 그렇게 옮겼지요."

김태완, 「땀 흘린 熱砂의 中東 근로자 잊은 것 같아 섭섭해」, 『월간조선』, 2019.

중동 근로자들 가운데 많은 이가 집을 확장했던 것처럼 나의 부모님도 전셋집을 구했다. 전셋집은 여전히 봉천동 달동네에 있었지만, 방도 넓고, 마루와 다락, 부엌, 조그만 마당까지 있었다. 이 집으로 오면서 아버지와 어머니는 할머니를 모실 수 있게 되었다. 아버지가 순천향대학교 병원에서 퇴원한 다음, 우리 가족은 같은 봉천동에 있는 국회 단지로 이사했다. 이 집도 역시 전세였다.

이곳에 살면서 아버지와 어머니는 청계천 세운상가 근처에서 부동산과 포장마차를 했다. 이 무렵 둘째 이모부는 코스모스 백화점에서 일을 그만둔 뒤라 아무런 수입이 없었다. 아버지는 이모부의 소개로 청계천에 부동산 사무실을 마련했다. 이때 둘째 이모부와 이모부의 친구 한 분도 아버지 사무실에서 부동산 중개업을 했다.

부동산 중개는 다리가 완전히 낫지 않았기 때문에 선택한 일이었다. 어머니의 포장마차는 아버지의 부동산보다 늦게 시작했다. 아버지는 부동산을 하면서 포장마차 자리를 알게 되었고, 권리금을 주고 그 자리를 샀다. 어머니는 포장마차에서 튀김, 호떡, 순대 같은 분식을 팔았다. 그러나 어디나 그렇듯 모든 것이 순탄하지만은 않았다. 어느 날, 어머니는 집으로 돌아오지 않았다. 그날 경찰의 노점상 단속이 있었고, 어머니는 경찰에게 불려가 간단한 조사를 받았다. 때때로 그곳에서 하룻밤을 보내기도 했다.

밤마다 아버지는 일을 마친 어머니와 함께 집으로 돌아왔다. 어머니는 당시 나와 동생들을 제대로 돌보지 못했다며 아직까지도 미안해하신다. 우리는 당연히 부모님을 원망하지 않는다. 먹고살기 바빴던 시절이라 아버지와 어머니의 입장에서 어쩔 수 없었다. 이때, 정말 끔찍한 사고가 날 뻔했다. 나는 지금도 선명한 그때를 생각조차 하기 싫다. 그러나 아버지와 어머니는 이날 일을 잊고 계셨다.


## 생각하고 싶지 않은 사건


언제나 그렇듯 밤늦게 돌아온 아버지와 어머니는 쪽대문을 열고 집안으로 들어왔다. 그리고 큰 방의 문을 열었다. 그 순간 아버지의 코로 이상한 냄새가 스며들어왔고 나와 동생들은 방안 이곳저곳에 쓰러지듯 누워있었다. 아버지가 맡은 냄새는 연탄가스였다. 방안은 연탄가스 연기로 꽉 차 있었다. 아버지는 깜짝 놀라고 말았다. 아버지는 바로 방안으로 들어간 다음 창문을 열고, 나와 동생들을 흔들어 깨웠다. 짧은 순간이지만 아버지와 어머니의 머릿속에는 불길한 생각이 스치지 않았을까?

이날 여동생이 나에게 짧은 한마디를 했다.

"오빠 머리 아파."

그때 나는 여동생의 머리를 만져주거나 왜 그러냐고 묻지 않았다. 최소한 창문이라도 열었어야 했는데 그렇게 하지 않았다. 짧은 순간이었지만 지금도 그날을 떠올리면 여동생에게 미안하다. 곧바로 나도 머리가 혼미해지고 말았다. 이때 남동생은 이미 한쪽에 쓰러져 있었다. 그러나 나와 여동생, 남동생, 아니 우리 가족에게는 행운이 따랐다.

잠시 후 나와 동생들이 모두 깨어났을 때, 부모님은 안도의 숨을 내쉬었다. 만약 아버지와 어머니가 조금만 늦게 왔다면 어떻게 되었을까? 그리고 만약 나와 여동생, 남동생에게 무슨 일이 있었다면, 아버지와 어머니의 운명은 어떻게 되었을까? 세 명이 아니라 세 명 중에 한명이라도 어떤 후유증이 있었다면, 아버지와 어머니의 운명은 또 어떻게 되었을까?

다행히 아버지와 어머니, 그리고 나와 여동생, 남동생에게는 나쁜 일은 일어나지 않았다. 이때는 많은 집이 연탄을 연료로 사용했고, 연탄가스 중독으로 많은 사람이 죽기도 했다. 개인적으로 이날 일은 생각만 해도 끔찍하다. 그리고 생각하고 싶지 않다.

# 5장

## 목적을 이루려면 대가가 필요하다

· · ·

1982년, 아버지는 41살, 어머니는 35살이었다. 우리 가족은 신월동으로 이사했다. 이후 우리 가족은 20년 동안 이곳에 살았다. 이사를 가게된 건 신문 한 장 때문이었다. 어머니는 신문을 보다가 신문 속에 있는 광고 하나를 보았다.

"강서구 신월동 소재 연립 주택, 이름은 조광연립."

연립 주택의 가격은 봉천동 전셋집과 동일했다. 아버지와 어머니는 차곡차곡 모아 놓은 돈이 있었고, 집을 사야겠다는 열망이 매우 높았다. 신문 광고는 아버지와 어머니에게 한줄기 빛처럼 다가왔을 것이다. 아버지와 어머니는 곧바로 신월동 조광연립으로 찾아갔다. 연립은 3층이었는데, 집마다 방 세 개, 화장실 한 개, 거실 겸 부엌이 있었다. 게다가 지하에 딸린 방까지 두 개가 더 있었다. 아버지와 어머니는 조광연립 외에도 한곳을 더 살펴보았다. 그러나 크게 고민하지 않고, 조광연립을 계약했다.

조광연립 옆으로 남부순환도로가 있었고, 자동차와 버스가 다니는 큰길을 제외하면, 주택가는 포장되지 않은 진흙길이었다. 비가 오면 심한 경우 장화를 신을 정도였다. 그러나 신월동은 사람들이 모여드는 곳이었다. 특히 젊은 사람들이 많았다. 당시 사람들 말에 따르면 신월동은 서울에서 동원예비군이 가장 많았다고 한다. 동원예비군은 군대를 갓 제대한 20대 남성들이다. 그만큼 신월동은 활기가 넘치는 곳이었다.

우리 가족은 트럭에 이삿짐을 싣고, 신월동으로 향했다. 집은 봉천동 단칸방이나 국회단지의 전셋집에 비할 바가 아니었다. 집은 우리 식구에게 정서적 안정감을 주었다.

이때까지 아버지는 청계천에서 부동산을, 어머니는 포장마차를 했다. 집은 전과 비교할 수 없을 정도로 좋아졌지만 자식들과 함께 할 수 있는 시간은 여전히 부족했다. 아버지와 어머니는 아침 일찍 청계천 세운상가에 가서 밤늦게 돌아왔다. 어머니는 이때를 돌아보며 이렇게 말했다.

"함께 따뜻한 밥 한 끼 먹으며 이야기 나눌 시간도 없었다."

나와 동생들은 각자 밥을 챙겨 먹고, 저녁이면 텔레비전을 보다가 거실에서 잠들었다. 그러나 아침되면 우리 모두 따뜻한 이불 위에 누워 있었다.


## 목적을 이루려면 대가가 필요하다

1983년, 아버지와 어머니는 부동산과 포장마차를 정리하고, 새로운 장사를 고민했다. 이유는 간단했다. 부동산 중개업은 돈벌이가 되지 않았다. 몇 번 이야기가 오가긴 했지만 부동산 중개소를 운영하는 동안 계약은 한 건도 이루어지지 않았다. 함께 일했던 둘째 이모부는 몇 건 계약을 성사시켰지만 아버지에게는 그런 일이 없었다.

아버지의 자존감은 점차 무너지고 있었다. 한번은 아버지와 어머니가 부부싸움을 하다 서로 험악한 말을 주고받았다. 그때 아버지는 마음 깊이 숨겨둔 본심을 드러냈다.

"요즘 자기가 돈을 벌어서 먹고산다고 난리인 것 같은데……."

아버지는 수입이 없었고, 더불어 아버지의 자존심은 이 상황을 허락하지 않았다. 부모님이 고민 끝에 내린 결론은 연탄 장사와 쌀 장사였다. 이곳저곳 수소문 끝에 적당한 가게 터를 찾았다. 계약금은 700만 원이었다. 아버지는 가계약금으로 70만 원을 지불했다. 여기까지는 모든 게 순조로웠다. 그러나 한 가지 생각이 아버지의 머릿속을 스쳤다.

"쌀과 연탄은 외상이 너무 많아."

요즘에는 외상이 없고, 어떤 상품을 구입하기 전에 선불로 지급하는 경우가 많다. 그러나 당시에는 동네에 있는 작은 슈퍼만 해도 외상이 있었다. 게다가 쌀과 연탄은 생활의 필수 상품이고 한번 거래할 때마다 가격이 높았기 때문에 외상이 많았다. 아버지는 망설이지 않고 바로 결단을 내렸다.

"다른 장사를 해야겠어."

아버지는 어머니에게 말했다. 어머니는 반대하지 않았다. 결정을 내리자 아버지의 마음은 편해졌다. 그러나 큰 문제가 하나 있었다. 이미 지불한 계약금 70만 원을 돌려받을 수 없다는 사실이었다. 밑져야 본전이란 생각으로 아버지와 어머니는 가게 주인을 찾아갔다. 그리고 간절하게 물었다.

"가게약금 70만 원을 돌려받을 수 있을까요?"

당연히 가게 주인은 아버지와 어머니의 부탁을 들어주지 않았다. 그에게 야속하다고 말할 것도 없었다. 가게약금은 법적으로 돌려받을 수 없었기에 가게 주인이 돌려주지 않겠다면 어쩔 수 없는 것이었다. 그러나 아버지와 어머니는 주인에게 사정을 해보기로 했다. 그러나 그의 대답은 계속 동일했다.

아버지와 어머니는 이에 대해 항의를 하거나 따지고 들 이유가 하나도 없었다. 그러나 70만 원은 아버지와 어머니에게는 너무 큰돈이었다. 요즘 가치로 1500만 원이 넘는 돈이었고 이 무렵 신월동 15평짜리 단지가 가격이 450만 원 이었다.

결국 부모님은 70만 원을 돌려받지 못했다. 대신 가게 주인은 아버지와 어머니에게 쌀 한 가마를 주었다. 어머니의 기억에 따르면, 쌀 1가마는 당시 7만 원 정도 했다. 아버지는 술 한잔 정말 잘 먹은 셈으로 생각했다. 아버지는 그 짧은 시간 동안 1500만 원 어치 술을 마신 셈이다. 아버지는 웃으며 이때를 회상했다.

"그때 정말 결정을 잘 내렸어. 살다 보면 손해를 감수하고, 그만 둬야 할 때가 있는데, 이때가 그랬어."

아버지는 덧붙여 이런 이야기도 했다.

"거래처와의 관계도 그래, 외상으로 물리고 물리면, 앞에 게 아까워서 거래 정리를 못하는 경우가 있는데, 이때도 손해 보더라도 빠르게 거래를 정리하는 게 좋다. 그래야 나중에 손해를 덜 볼 수 있어."

아버지는 또 다른 이유로 쌀과 연탄 장사를 안 하길 잘했다고 말했다. 그 이유는 경제적인 것이 아니었다. 그 이유는 부부생활에 관한 것이었다.

"얼굴이 새까만 채로 리어카를 끌고 다녔을 테고, 또 나의 기질 상 네 엄마(어머니)와 부부 싸움도 더 많이 했을 거야!"

"부부싸움도 더 많이 했을 거야!"라는 말에 어머니도 얼굴을 찌푸리며 동의했다. 아버지의 판단은 사회의 변화, 발전이란 측면에서도 옳았다. 아파트 숫자가 증가하고, 석유 보일러 공급이 늘어나면서 연탄은 점차 사라졌다. 장사 초기에는 어떻게든 먹고살 수 있었을지 몰라도, 점점 힘들어 졌을 것이다. 이런저런 면에서 가계약금 70만 원을 손해봤지만, 쌀과 연탄 장사를 하지 않기로 결정한 아버지의 판단은 옳았다.

"15평 상가를 계약했다."

상가는 신월동 재래시장 안에 있었다. 계약금은 1500만 원이었다.

가게 계약을 준비하면서 아버지와 어머니에게는 두 가지 고민이 있었다. 첫째는 자금 조달이었다. 그때까지 조광연립의 판매만으로 계약금을 조달하는 데 한계가 있었다. 게다가 아버지와 어머니는 은행 대출을 받을 수 있는 조건이 되지 않았다.

이 문제는 아버지와 어머니의 신용과 신뢰가 해결했다. 외숙모의 도움을 받은 것이다. 외숙모는 아버지와 어머니의 신용을 믿고, 자신의 언니를 소개시켜 주었다. 부모님은 외숙모 언니에게 빌린 돈과 조광연립을 판매한 돈으로 계약금을 조달했다.

두 번째 고민은 결단이 필요했다. 조광연립은 방이 세 개였다. 할머니까지 6명의 식구는 방 세 개를 적절하게 나누어 사용했다. 그러나 새로 계약한 가게는 달랐다. 방이 두 개 밖에 없었다. 또 상가로 지어진 건물이라 살림을 꾸리기에 적합하지 않았다. 할머니는 가게 안쪽 조그만 방에서 생활하고, 다른 식구들은 가게에 딸린 방에서 생활했다. 좁은 공간에서 가족 모두가 사는 것은 힘든 일이다. 특히 자식들의 공부와 정서적 안정감을 중요하게 생각했던 어머니는 이런 상황을 내켜하지 않았다. 이런 심정은 부모라면 누구라도 마찬가지일 것이다.

그러나 아버지에게는 돈이 부족했다. 가게 외에 별도의 집은 마련하지 못했다. 따라서 아버지는 선택을 해야 했다. 아버지는 이렇게 말했다.

"이때 괜찮은 집을 사서, 목도 안 좋은 비리비리한 곳에 가게를 차렸다면 어떻게 되었겠냐? 돈을 벌지 못하고, 그저 그렇게 살 수밖에 없었을 것이다. 나도 고생하고, 너희 엄마와 너희들도 고생했다. 그 덕택에 일정한 돈을 모을 수 있었지."

아버지의 말은 두 마리 토끼를 동시에 잡는 것은 불가능하다는 것이 있다. 목이 안 좋으면, 손님이 없고, 손님이 없으면 아무리 좋은 상품을 팔아도 장사로 돈을 버는 것은 쉽지 않다. 이것이 아버지의 판단이었다. 아버지와 어머니는 생활보다는 목이 좋은 가게를 잡는 것에 힘을 모았고, 얼마 안 되는 것이라도 돈을 집중시켰다.

아무리 가족이어도 사적인 공간, 생활적으로 안정된 공간이 있어야 한다. 그래야 가족 간의 사이도 더 좋아지고, 정서적으로 안정감이 생긴다. 정서적 안정이 있어야 부모와 아이들도 정신적 , 신체적으로 건강하게 자랄 수 있다. 그러나 이때 아버지와 어머니는 당신들 자신은 물론 자식들에게 해줄 수 있는 것에 분명한 한계가 있었다. 어머니는 특히 자식들에게 교육 환경을 마련해 주는 것에 민감했다. 그러나 어머니는 현실을 인정하고 자신의 바람은 묻어두었다.

첫 장사 품목은 생선이었다. 장사 기간 1년 동안 큰돈은 아니지만, 약간의 돈을 모을 수 있었다. 이렇게 수입이 나쁘지 않았는데도 아버지와 어머니는 생선 장사를 그만두었다. 아버지의 몸이 쉼없이 아팠기 때문이다.

아버지는 새벽마다 노량진 수산시장에서 생선을 떼어 왔다. 흔히 먹는 동태, 갈치, 고등어를 중심으로 가오리를 비롯해 말린 생선까지 팔았다. 새벽마다 노량진 수산시장에 가는 아버지는 밤마다 깊이 잠들지 못한 채 뒤척였다. 장사는 11시 12시까지 했다. 그리고 가게 문을 닫고, 몇 시간 쪽잠을 자고 새벽 3시에 일어나 노량진 수산시장으로 달려갔다. 그리고 당일에 팔 생선을 떼어 왔다. 항상 잠이 부족했고 생활은 불규칙했다. 반복되는 이런 상황에 몸은 무리가 왔다. 그러던 중 가게 주인이 찾아와 말했다.

"계약이 만료되면 나가 주세요."

가게 주인은 일방적으로 다른 사람에게 가게를 넘긴다고 했다.

이때는 계약 중간에도 주인이 요구하면 하던 장사를 그만두고 나가야했다. 결국 아버지와 어머니는 생선 장사를 그만둘 수밖에 없었다.

# 8년 동안 7번 이사를 하다

아버지와 어머니는 새로운 터를 찾아 나섰다. 가게 터를 찾는 것은 그리 어려운 일이 아니었다. 그러나 문제는 그다음이었다. 아버지와 어머니는 다시 한 번 결정을 해야 했다. 아니 결단을 내릴 수밖에 없었다. 돈이 부족했고, 더는 돈을 빌릴 곳도 없었다. 부모님이 선택한 곳은 15평짜리 생선가게보다 더 열악했다. 가게는 무허가 건물이었다. 외벽은 벽돌콘크리트가 아니었다. 어떤 곳은 나무판자였고, 비가 새는 것을 막기 위한 천막이 엉성하게 씌워져 있었다. 가게 안은 조그만 방과 장사를 할 수 있는 공간으로 분리되어 있었다. 방에는 창문도 없었다. 게다가 할머니를 모실 별도의 방도 없었다.

이때도 아버지와 어머니는 한결같았다. 극단적으로 말하면 생활 환경, 자식들을 위한 정서적 환경과 돈을 벌고 가족들의 생계를 책임져야 한다는 생존의 갈림길에서 아버지와 어머니는 생존에 더 가중치를 두었다. 아버지와 어머니가 항상 자식들에게 무한한 애정을 보여주었던 것을 감안하면, 이때 선택은 아버지와 어머니에게 어쩔 수 없는 것이었다.

새 보금자리는 낮에는 장사 공간으로, 밤에는 부모님이 자는 안방으로 바뀌었다. 방이 작았기 때문에 아버지와 어머니는 가게 바닥에 넓은 평상을 펴고, 그곳에서 잠을 잤다. 할머니는 가게 근처에 작은 월세방을 마련해서 그곳에 모셨다.

무허가에 엉성하기 짝이 없는 곳임에도 이곳의, 월세는 50만 원이었다. 월세 50만 원은 만만한 돈이 아니었다. 그러나 이 가게에서 힘든 것만 있었던 것은 아니었다. 아버지와 어머니는 이 가게에서 반전의 열쇠를 찾아냈다. 그것은 원인과 결과, 기승전결의 논리에 따른 치밀한 비즈니스에 의한 것은 아니었다. 그것은 100% 아버지와 어머니의 인생 경험과 본능에 따른 촉과 같은 것이었다.

아버지와 어머니는 이곳에서 닭 장사를 시작했다. 처음에는 생닭을 볶음탕이나 국거리용으로 자르거나 통째로 팔았다. 그리고 한 손님의 요청으로 닭 튀김을 팔기 시작했다.

"닭을 튀겨줄 수 있나요?"

아버지와 어머니는 손님의 요청을 쉽게 넘기지 않았다.

두 분은 빠른 결단을 내렸다. 곧바로 압력 튀김 솥을 샀다. 이 솥은 비싸지 않았다. 닭 한 마리당 500원을 더 받고 튀겨주기 시작했다. 500원은 큰돈이 아니었고 매출에 큰 보탬이 되지도 않았다. 그러나 닭을 튀겨서 손님이 배로 늘어났다. 장사는 괜찮았고 이제는 돈을 모을 수 있었다. 아버지와 어머니는 이곳에서 1년가량 장사를 했다.

1986년, 우연한 기회에 아버지와 어머니는 도약할 수 있는 기회를 잡았다.

"계약금 2000만 원에 월세 100만 원",

아버지와 어머니는 새로운 가게를 계약했다. 이 가게는 시장 입구 오거리에 위치해 있었다. 신월동 시장에서 임대료가 가장 비쌌다. 어떤 사람이 이 가게를 계약했다가 월세 100만 원 이라는 금액에 겁을 먹고, 계약을 파기한 것이었다.

가게는 단칸방 하나와 화장실, 조그만 부엌, 물건을 팔 수 있는 공간으로 구성되어 있었다. 단칸방은 아주 크지는 않았지만 우리 다섯 식구가 쪽잠을 자야할 정도는 아니었다.

이때부터는 생닭과 튀긴 닭을 동시에 팔았다. 또 매장의 남은 공간을 활용해 계란도 팔았다. 가끔은 항아리와 약재를 팔기도 했다. 또 어머니가 폐백용 닭을 만들어서 짬짬이 돈을 벌었다. 어머니는 이때를 이렇게 회상했다.

"한마디로 돈이 되는 것이면 무엇이든 다했지."

한번은 기대를 갖고 전기구이 통닭 판매를 시작했는데, 재미를 보진 못했다. 인기도 없었고, 바로 옆집에서 전기구이에서 연기가 난다며 좋아하지 않았다. 결국 전기구이 통닭은 접고 말았다.

평소에는 생닭과 튀긴 닭을 합쳐 하루에 약 100여 마리를 팔았고, 추석이나 설 같은 등 대목에는 하루에 500여 마리를 팔기도 했다. 아버지와 어머니는 이곳에서 18년 6개월동안 닭을 튀기고 팔았다. 장사가 자리 잡자 생활도 안정되었다. 아버지와 어머니는 닭 장사를 밑천으로 돈을 모았고, 집과 가게를 마련하고, 삼 남매 모두 학교에 보냈다. 노년에는 다른 사람에게 신세지지 않고 살 수 있을 만큼이 되었다.

청평을 떠난 후부터 신월동 시장에 정착하기까지 걸린 기간은 햇수로 8년이다. 이 시간 동안 우리 가족은 모두 7번 이사를 했다. 해마다 한 번씩 이사를 한 셈이다. 어머니는 이렇게 말했다.

"이사랄 것도 있냐! 낮에 장사를 하다가 밤에 짐을 싸고, 다음날 옮기는 거지!"

자주 이사를 한 탓에 여동생은 네 번, 남동생은 다섯 번 전학을 가야

했다. 아버지와 어머니가 자식들과 함께 신월동에서 보낸 기간은 23년 이다.


## KFC 개점, 아버지와 어머니도 치킨 시작

사람들은 1980년대 하면, 5·18 광주 항쟁, 6·10 민주항쟁을 떠올린다. 1980년대는 말 그대로 민주화를 위한 거대한 역사, 그 자체였다. 개인적으로 여기에 한 가지를 덧붙이고 싶다. 이 역사는 아버지와 어머니 인생에서 빼놓을 수 없다.

1984년 4월 25일, 대한민국 외식 문화의 역사로 봤을 때, 그리고 아버지와 어머니에게도 의미 있는 날이다. 역사의 현장은 서울시 종로구 탑골공원 건너편이었다. 이곳에 음식점이 하나 생겼다. 이 곳은 당시 우리나라 사람들에게는 생소했던 패스트푸드를 파는 곳으로 이름은 KFC였다.

지금은 KFC 매장을 흔하게 볼 수 있다. 치킨이 먹고 싶으면 언제든지 KFC 외에도 다른 곳에서 주문을 해서 먹을 수 있다. 보통 KFC를 맛은 당기지만, 건강에는 안 좋은 패스트푸드 음식점 정도로 생각하거나, 맥도날드처럼 미국에서 건너온 미국식 패스트푸드 음식점이라고 생각한다. 그러나 KFC 1호점은 우리나라 외식 문화가 달라지는 출발점이었다.

KFC를 비롯한 패스트푸드 음식점은 1980년대 우리나라에 치킨, 피자, 햄버거 등을 소개했다. 1980년대에 정치적으로 민주화가 일어났다면, 음식의 역사라는 측면에서는 패스트푸드 혁명이 있었다. 흔히 혁명이란 말은 급진적이지만 긍정적인 쪽으로 큰 변화를 일으켰을 때를 말한다. 패스트푸드 혁명은 그것이 긍정일 수도 있고, 부정일 수도 있다. 어쨌든 1980년대에는 패스트푸드 음식 문화가 미국에서 우리나라로 수입되었고, 그것은 우리나라 사람들의 식생활에 큰 변화를 일으켰다. 이 사실은 누구도 부정할 수 없다.

아버지와 어머니의 닭 장사도 이러한 흐름 속에 있었다. 많은 사람이 도시로 몰려들었고, 경제가 발전하면서 이들의 소득이 증가했다. 나아가 이들에게는 새로운 먹거리가 필요했다. 어머니는 당신이 닭 장사를 오래 했던 이유에 대해 이렇게 말했다.

"소고기와 돼지고기는 닭고기에 비해 가격이 비쌌어. 내 생각에 노동자들은 가격이 만만한 닭고기로 단백질을 보충했던 것 같다. 비가 오거나 쉬는 날이면, 소고기나 돼지고기보다 닭고기가 더 많이 팔렸지. 어떤 노동자 가족은 생닭을 대여섯 마리씩 사 가기도 했어."

튀긴 닭은 삶은 닭과 비교했을 때 맛에서부터 큰 차이가 있었다. 튀긴 닭은 이전에 먹어보지 못한 새로운 맛이었다. 사람들은 새로운 것이 등장하면 그것에 관심을 갖는다. 음식도 마찬가지다. 아버지와 어머니의 닭 장사는 이런 변화와 함께 시작되었다.

KFC 창업자인 커넬 샌더스는 11가지 비밀 양념을 만들었고, 이 비법은 1952년 미국 솔트레이크시티에 1호점이 개점하면서 전 세계로 확산됐다. 아버지와 어머니가 판매했던 치킨이 커넬 샌더스의 오리지널 치킨과 비교해서 어떤 맛이었는지는 알 수 없다. 다만 확실한 것은 아버지와 어머니도 닭에 여러 양념을 묻혀 판매했고, 20여 년간 장사할 만큼 맛이 좋았다.

• 부모님의 결혼 사진

　결혼식을 올리려면 하객들에게 국수 한 그릇이라도 대접할 수 있어야 했는데 부모님은 그럴만한 형편이 아니었다. 두 사람은 돈이 없어서 결혼식을 올리지 못하다가 동거 1년 만에 청평 가마골에서 결혼식을 올렸다.

• 한일순 20대 중반(오른쪽 위)
가죽점퍼는 언제나 최신 유행이
다. 한일순이 자신보다 10살 많
제임스 딘의 영화 「이유 없는 반
(1955)」을 봤을 리는 없다. 하지
이때는 멋쟁이라면 가죽점퍼는
수였다.

• 어린 시절 한일순(왼쪽 위)
아버지 자신도 언제인지 모르는 사진. 하루하루 먹
고살기 급급했지만 언제 어디서나 성실함을 인정받
았다.

• 한일순(왼쪽 아래)
아버지는 군 입대 전까지 호적이 없었다. 나중에서
야 호적을 만들었는데 누군가의 실수로 '일수'가 아닌
'일순'으로 살게 되었다. 사진을 보면 어릴 때보다 눈
동자가 깊어지고 입매가 단단하다.

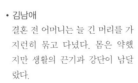

• 김남애
결혼 전 어머니는 늘 긴 머리를 가
지런히 묶고 다녔다. 몸은 약했
지만 생활의 끈기와 강단이 남달
랐다.

• 어머니 김남애와 큰이모 김용분
어머니의 여동생이 아버지가 가난하다
는 이유로 결혼을 반대할 때도 큰이모
는 아버지의 성실함을 끝까지 믿어준
사람이다.

• 청평 가마골에서 살 때 찍은 가족 사진(위, 오른쪽)
  부모님은 서울에서 단칸방 생활을 할 때도 삼 남매와
  할머니(최복순)를 끝까지 책임졌다.

• 외할아버지 김명도의 회갑 잔치(아래)
  왼쪽은 외할머니 박귀옥이고 오른쪽은 큰외할머니
  최덕산이다. 가운데 아버지와 어머니가 나란히 서
  있다.

• 김남애(왼쪽)
어머니는 한없이 다정하고 여렸지만 심지가 굳은 분이다. 자기 자신이 위험한 상황에서도 한 치의 물러섬이 없었고, 언제나 주변 사람들을 챙기려 했다.

• 어머니 김남애와 삼 남매(아래)
어머니는 우리 삼 남매가 모두 명문대에 진학하길 간절히 원했지만 한 번도 자신의 소망을 드러내지 않았다. 모든 게 환경 문제라며 자식들의 앞날을 묵묵히 기다려 줬다.

• 부여 백마강에서
  청평 가마골에서 살 때 가까운 지인들과
  관광 가서 찍은 사진.

• 전라도 임실, 섬진강댐으로 친구들과 야유회
  아버지는 서울에 살 때도 명절이면 할아버지 제사를 챙기러 임실에 가곤 했다.
  그뿐만 아니라 언제나 자신보다 가족과 친구들을 먼저 챙겼다.

• 중동 근로자로 일할 때
아버지는 이곳이 리비아인지 사우디아
라비아인지 기억하지 못한다. 어디든
모랫바람은 거셌고 그 속엔 순한 사람
들이 있었다. 자동차 옆에서 포즈를 취
한 사람이 내 아버지다.

• 중동 근로자로 일할 때
매일이 고된 노동의 반복이었지만 쉴 때도 있었다. 아버지는 주
말이면 같이 일하는 사람들과 가까운 곳으로 떠나곤 했다.

• 중동 숙소에서(아래)
이때는 중동에서 1년 일하면 월세가 전세
가 되고 더 오래 열심히 일하면 내 집까지
마련할 수 있었다. 여기서는 간이침대에 누
워 있지만 한국에 가면 식구들이 살 곳이
생긴다는 생각에 열심히 일했다.

• 중동 근로자로 출국할 때 공항에서(위)
프랑스 파리 드골 공항으로, 올 때는 터키 이스탄불, 파키스탄, 태국, 홍
콩 등을 경유했다. 아버지는 이때 홍콩 면세점에서 일본에서 출시한 캐
논 카메라를 사 오기도 했다.

• 아버지 한일순과 남동생 한대영
아버지가 양복 입은 날은 손에 꼽을 만
큼 몇 번 없었는데도 이날이 무슨 날이
었는지 기억나지 않는다. 동생 대영이
는 아버지 말대로 술과 담배를 일절 하
지 않는 어른이 되었다.

• 관악산으로 가족 야유회 갔을 때
바쁜 부모님을 대신해 우리 삼 남매는
모든 것을 스스로 해결해야 했다. 한번
은 연탄가스 때문에 셋 다 죽을 고비를
넘기기도 했다. 동생들과 함께 있을 땐
가난하다는 사실이 외롭지 않았다.

• 여동생 한희경의 졸업식
예술적 감각이 탁월했던 희경이는 늘
미대에 가고 싶었지만 집안 형편 때문
에 미술 학원에 다니지 못했다. 담임
선생님의 추천으로 사진학과에 진학한
이후에는 진로에 대한 고민으로 방황
하기도 했다. 하지만 늘 고생하는 부모
의 마음을 먼저 헤아릴 줄 아는 기특한
딸이었다.

• 정동 프란치스코 성당에서
희경이가 처음 프랑스인 남자친구 에릭 훈진거를 소개했을 때는 우리 식구 모두가 놀랐다. 특히 아버지는
프랑스라는 먼 나라에 대해 아무것도 알지 못했고, 무엇보다 딸이 외국에서 겪을 외로움을 염려했다. 하지
만 이제는 사위의 성실함과 됨됨이를 누구보다 잘 알고 있다.

• 큰아들 한대웅과 며느리 방현주
그리고 첫 손주 한준아(위)
아버지는 인생에서 가장 기뻤던 일을
물었을 때 한치의 망설임도 없이 "준
아가 태어났을 때"라고 말했다.

• 한일순 천왕봉에서(왼쪽)
아버지는 신월동 시장에서 장사를 시
작한 이후 차츰 경제적으로도 안정을
찾아갔다. 사진은 평생을 쉬지 않고 일
한 아버지가 심리적 여유를 찾고 등산
을 갔던 날이다. 희미한 미소에서 삶에
대한 불안감보다 성취감이 느껴진다.

## 늦은 밤까지 장사, 그에 대한 보상은 있었다

아버지와 어머니가 닭 장사를 시작한 게 언제인지 정확히 알 수 없다. 하지만 한 가지 확실한 건, KFC 1호점이 우리나라에 생겼던 1984년, 그해에 아버지와 어머니도 튀긴 닭을 팔기 시작했다. 어느 날 닭 도매상이 말했다.

"우리와 거래하는 가게 가운데 판매량이 강서구에서 3위에요."

당시 강서구의 인구는 약 40~50만 명이었다. 아버지는 자정까지 가게 문을 열었다. 늦은 밤이면 어머니는 집안일을 하고, 가게를 지키는 것은 아버지의 몫이었다. 아버지는 의자에 앉아 꾸벅꾸벅 졸곤 했다. 도매상으로부터 그날 판매할 닭을 받으려면 새벽에 일어나야 했다. 도매상은 냉동차로 아침마다 일정한 수량의 닭을 배달해 주었다. 새벽부터 일어나서 움직이고 틈틈이 쪽잠을 잘 수밖에 없었다. 저녁 10시가 넘으면 손님이 뜸해졌고 그러다 보니 이 시간은 아버지가 의자에 앉아 잠을 보충하는 시간이 되었다.

아버지가 늦은 시간까지 자리를 지키면 세상은 이에 대한 보상을 해주었다. 때때로 대량 주문이 들어왔고 내가 직접 본 장면도 있다. 그런데 정작 당사자인 아버지와 어머니는 금시초문이라면서 전혀 기억하지 못했다. 아마도 아버지와 어머니에게는 이런 일이 한두 번이 아니었기 때문일 것이다.

늦은 밤, 검은색 중형 자동차가 가게 앞에서 조금 떨어진 곳에서 멈추었다. 차문이 열리고 덩치 큰 중년의 남자와 비슷한 연배의 여자가 내렸다. 두 사람은 가게 안으로 불쑥 들어왔다.

"지금도 주문할 수 있나요?"

"예, 가능하죠. 몇 마리나 튀기실 건가요?"

"지금 튀길 건 아니고, 주문 수량이 많은데, 내일 아침까지 튀겨주실 수 있나요. 회사 야유회에 가져가야 해서요."

아버지는 곧바로 어머니에게 연락했다. 아버지와 어머니는 그때부터 한숨도 자지 않고 닭을 씻고 자르고, 튀겼다. 아버지와 어머니는 몸은 힘들었지만, 돈을 버는 재미와 보람이 있었다. 그날 밤 튀긴 닭이 정확히 몇 마리인지 알 수 없다. 아버지와 어머니 말에 따르면 밤을 새워가며, 씻고, 자르고, 튀길 수 있는 닭의 양은 60마리 정도라고 한다.

장사를 하다 보면 종종 경쟁이 붙는 경우가 있다. 아버지와 어머니의 경험으로 보면 대부분 제 살 깎아 먹기로 쓸모없는 짓이다. 어떤 사람은 일부러 그렇게 하는 사람도 있고, 또 어떤 사람은 경쟁을 통해 실제로 자신이 이길 수 있다고 판단해 그렇게 하는 사람도 있다. 이유는 정확히 알 수 없으나 어쨌든 경쟁을 유도하는 사람이 종종 있었다.

경쟁 방식은 간단하다. 상대방보다 싸게 파는 것이다. 처음에 아버지와 어머니는 어떻게 할 줄 몰랐다. 그러나 경험이 쌓이면서 아버지와 어머니는 대응 방식을 찾아냈다.

평소에는 닭의 무게를 달고, 무게에 따라 가격을 매겨 팔았다. 그러나 경쟁이 벌어지면 모든 닭을 큰 소쿠리나 대야에 넣고, 손님들이 고르게 했다. 손님들이 닭을 고르면, 저울에 달지 않고, 눈대중으로 크기를 나누어 판매를 했다.

이렇게 하면 손님들이 좋아한다. 손님들이 좋아하면 경쟁에서 지지 않는다. 일반적으로 가격 경쟁을 하면 손해를 볼 거라 생각한다. 그러나 이런 방식이면 경쟁을 안 할 때보다 힘은 들지만 한번에 여러 마리를 팔 수 있기 때문에 오히려 돈이 남았다.


## 어머니의 소박한 소원


어머니의 소원은 두 가지였다.

"잠 실컷 자기, 대청소하기."

닭 장사를 할 때 어머니의 하루는 새벽부터 시작됐다. 손님들은 새벽 5시부터 오기 시작했다. 아버지는 가게 문을 연 다음 다른 일을 해야 했기에 아침 장사는 온전히 어머니 몫이다. 어머니는 아침을 준비하고, 자식들의 도시락을 준비하면서 동시에 장사까지 했다. 부엌에서 밥을 하다가 매장을 힐끗힐끗 살펴보거나, "아주머니 계세요."라는 말을 들으면, 바로 뛰쳐나와서 닭을 씻고, 자르거나 계란 등을 팔아야 했다.

낮에 잠깐 여유라도 있으면 빨래 같은 살림을 해야 했고, 장사는 항상 밤늦게까지 계속되었다.

아버지와 어머니는 1년에 두 번 계모임 회원들과 당일치기로 갔다. 한번은 이런 일도 있었다. 관광 버스가 서울을 떠나 고속도로를 몇 시간을 달린 다음 내장산 입구 주차장에 들어섰다. 사람들은 버스에서 내렸고, 두 명, 세 명, 삼삼오오 짝을 이루어 내장산 단풍을 구경했다. 그리고 한참

후, 관광이 끝나고, 사람들이 한두 명씩 버스 안으로 들어왔다.

그제서야 어머니는 잠에서 깨어났다. 어머니는 버스가 내장산으로 이동할 때는 물론 버스가 주차장에 멈춰서고, 계모임 회원들이 내장산 관광을 마치고 돌아온 그 순간까지 잠만 잤다. 어머니의 내장산 관광은 주차장을 보는 것으로 끝났다. 아버지와 어머니는 항상 쪽잠으로 부족한 잠을 해결했다.

어머니의 눈에 집안은 언제나 완벽하게 정리되어 있지 않았다. 장롱은 빛이 나지 않았고, 옷가지 등은 빈번하게 한쪽 구석에 쌓여 있곤 했다. 어머니는 늘 구석구석 먼지를 털어내고 장롱을 윤기나게 닦고, 주방 기구와 여타 살림 도구를 용도와 사용자의 움직임에 맞춰 정리하고 싶었다. 그러나 시간은 늘 그랬듯이 충분하지 않았다. 잠을 제대로 자는 것도 힘든 터라, 청소 시간을 충분히 갖는 것은 늘 어머니의 소망에 불과했다.

어머니는 후에 장사를 그만 두고 소원을 이루었다. 어머니의 입장에서 그 소원은 생선 장사와 닭 장사 기간을 합쳐 20여년 이상을 갈망한 것이었다. 어머니는 소원을 이룬 결과를 이렇게 말했다.

"이틀 동안 맘껏 자고 나니 잠도 안 오더라. 처음에 깨끗하게 치우고 나니, 별로 치울 것도 없더라."


## 상호 없는 가게

아버지와 어머니가 했던 가게는 모두 상호가 없었다. 생선 장사는 물론 무허가였던 가게에서의 닭 장사, 신월동 시장 오거리의 닭 장사를 할 때도 가게에는 상호가 없었다. '시장 오거리 근처 생선 가게', '시장 오거리 문구점 옆 계란도 팔고 닭도 파는 집' 아버지와 어머니가 했던 가게는 이름이 없어서 이렇게 대략적인 위치로 불렸다. 최근에는 창업하는 사람들이 너도나도 각종 기발한 이름을 짓곤 한다. 그들은 이름이 매출을 좌우할 수 있는 요소 중 하나라고 확신한다. 지금 기준으로 생각하면 이름 없이 가게 문을 열고 장사한다는 것은 상상할 수 없는 일이다.

무허가 건물에 차린 가게는 간판을 걸 벽면도 없었다. 그러나 오거리 가게는 간판을 걸 충분한 공간이 있었다. 이사 간 첫날부터 간판에는 '남산상회'라는 상호명이 붙어있었다. '남산상회'는 철물점이었다. 따라서 남산상회는 닭장사용 간판이 아니었다. 그런데도 이 간판은 18년 6개월 동안 비가 오나 눈이 오나 똑같은 자리에 붙어있었다. 변한 것은 시간이 지남에 따라 간판의 글자와 바탕 바랬다는 점이다. 아버지와 어머니가 장사를 그만두는 그날에도 '남산상회'는 18년 6개월 전 그 자리에 붙어있었다.


## 어머니의 장사 비결은 친절

"닭 장사를 몇 년만 더 했으면 작은 집 한 채 살 돈을 더 벌었을 텐데……."

장사에 대한 자신감으로 가득찬 어머니가 하신 말이다. 그때마다 아버지는 "아휴, 그게 말처럼 쉽나!"라고 했다. 이렇게 말을 하면서도 아버지는 어머니의 장사 솜씨를 칭찬하곤 했다. 어머니가 '장사의 신'까지인지는 몰라도 장사를 잘하는 사람은 맞는 것 같다. 그러나 팔을 비롯한 온몸 구석구석이 아팠기 때문에 더는 장사를 하지 못했다.

20년 가까이 닭 장사를 할 수 있었던 배경에는 아버지의 부지런함, 추진력, 결단력이 긍정적인 역할을 했지만 결정적으로 어머니의 힘이 컸다. 어머니가 장사했을 때를 이야기할 때마다 자주 등장하는 소잿거리가 있다.

"기름을 자주 갈고, 좋은 재료를 아끼지 않고 사용하면 100점 만점에 80점 이상은 충분히 나올 수 있다."

튀긴 닭의 맛을 좌우하는 핵심은 기름이다. 신월동 시장에는 부모님 가게 외에도 여러 곳이 있었다. 또 다른 시장에도 튀긴 닭을 파는 집은 많았다. 이 가운데 맛이 있다고 하는 집의 공통점 중 하나는 제때 기름을 갈아주는 것이었다. 누구나 알다시피 오래 사용한 기름으로 음식을 튀기면 맛이 떨어진다. 아버지와 어머니는 기름을 아끼지 않았다.

튀긴 닭을 파는 방법은 두 가지였다. 첫 번째는 양념을 하지 않고 기름에 튀겨 파는 것이고, 두 번째는 양념을 묻혀 판매하는 것이다. 아무런 양념을 하지 않고 튀길 때는 기름을 자주 갈고, 적정 시간과 온도로 튀기면 되지만, 양념을 묻혀서 튀겨야 하는 경우 조금 더 신경을 써야 하는 것이 있었다. 그것은 양념이다. 어머니는 양파, 파 등 재료를 아끼지 않았고, 재료도 품질이 좋은 것만 사용했다.

아버지는 손님에게 무뚝뚝한 편이었다. 게다가 손님이 무리한 요구를 하면 "됐어요, 안 팔아요." 하며, 손님과 더는 대화를 하지 않았다. 그

156

러나 어머니는 항상 친절했다. 어머니의 따뜻함과 친절이 오랫동안 장사를 할 수 있었던 비결 중 하나였다.

한편 아버지와 어머니는 거래처와의 금전 관계를 깔끔하게 맺었다. 대금 지불은 약속한 날짜를 정확히 지켰다. 생선 장사할 때도, 수산시장에서 외상 거래를 하지 않았고, 혹여 당일 가져간 돈이 모자라면 바로 갚았다.


## 할머니, 그리고 아버지와 어머니


할머니는 아버지와 어머니가 무허가 건물에서 닭 장사를 할 때 돌아가셨다. 이때 할머니 연세는 여든이었다. 원체 건강한 분이었다. 어느 날, 할머니는 길에서 넘어지면서 팔이 부러졌다. 치료를 받았음에도 불구하고, 할머니의 부러진 팔은 뼈가 붙지 않았다. 나이 때문에 치료도 불가능했다. 할머니는 단칸방에서 몇 날 며칠을 끙끙 앓다가 결국 추석 전날 돌아가셨다. 장사는 추석 전날이 대목이라 이때가 항상 바빴다. 아버지와 어머니는 평소보다 몇 배나 많은 닭을 주문해 놓은 상태였다. 아버지와 어머니는 곧바로 장사를 중지하고, 남은 닭은 모두 어머니와 친한 장사하는 분한테 싼 가격으로 넘겨주었다.

장례는 다섯 식구가 살기에도 좁았던 집에서 치러졌다. 할머니가 주무시던 방은 여러 세대가 입주해 있는 건물 안에 있었고, 단칸방으로 크기도 작았다. 장소가 마땅치 않다 보니, 제대로 된 장례는 생각조차 할 수 없었다. 아버지와 어머니는 지인도 몇 명 부르지 못했다. 친척 몇 분과 청평에 살던 시절, 친하게 지냈던 몇 분만이 문상을 왔다. 그분들도 장소가 협소하고, 마땅치 않아 잠시 머물다가 돌아갔다. 할머니의 시신은 화장했다. 어머니는 할머니를 보내면서 눈물을 흘렸다.

아버지와 할머니는 서로 꼭 필요한 말만 할 뿐 개인적인 대화를 하지 않았다. 두 분은 애정을 깊이 나누진 않았지만 천륜이 내린 정이 있었다. 아버지에게 그 정은 '애틋함'이라기보다는 의무감에 가까웠던 같다.

할아버지가 돌아가신 이후 할머니는 혼자 자식들을 챙겨야 했다. 영화나 드라마에서는 억척스러운 어머니가 온갖 어려움을 극복하고 자식을 키우는 모습이 나온다. 아쉽게도 할머니는 그런 분이 아니었다. 아버지의 기억에 따르면 할머니는 그 시대에 평범한 어머니에 불과하거나 조금 부족한 어머니 정도였을 것이다. 그러나 아버지는 이에 대해 원망하지 않았다.

"원망을 한들 무슨 도움이 되겠니? 그 시대가 우리 가족을 흩어지게 만들기도 했는데……."

1951년, 할아버지가 돌아가시고 1년 뒤, 아버지와 가족들은 뿔뿔이 흩어졌다. 아버지가 할머니를 다시 만난 것은 경기도 마석 답내리였다. 아버지가 스물둘이었을 때, 할머니가 갑자기 나타났다. 아버지는 명절이면 할아버지 제사를 위해 임실에 가곤 했다. 아마도 할머니는 임실에 살던 친척과 지인을 통해 아버지의 소식을 들었을 것이다.

아버지는 할머니와 함께 2년을 살았다. 그러던 어느 날, 할머니가 아무런 말도 하지 않고 어딘가로 떠났다. 그리고 계속 연락이 닿지 않다가 아버지와 어머니가 살림을 시작할 때쯤 나타났다. 할머니는 이후 어머니까지 포함해 세 명이 함께 살다가 또 말없이 집을 떠났다가 다시 돌아왔다. 아버지와 어머니는 할머니가 집을 나간 이후 어디서 어떻게 지냈는지 모른다. 아버지와 어머니는 할머니가 왜 이렇게 생활했는지 그 이유를 지금까지도 모른다.

어머니도 할머니에 대한 아쉬움이 있다. 여동생이 태어난 지 얼마 되지 않아 어머니가 몸을 추스르지 못하고 있을 때였다. 어떤 이유인지 할머니는 잔뜩 쌓인 빨래조차 하시지 않았다. 그때 할머니는 딸을 낳았다며 어머니에게 면박을 주었다고 한다.

때때로 할머니는 아버지 편을 일방적으로 들기도 했다. 그날 모든 것은 아버지의 잘못이었다. 아버지가 다방에서 일하는 여성에게 과일을 사준 것이다. 당시에는 과일 가격이 아주 비쌌다. 어머니가 화를 내는 것은 당연했다. 다른 여자를 만난 것도 모자라 그 여성에게 그 비싼 과일까지 사줬으니 말이다. 아버지와 어머니는 크게 다퉜다. 이때 어머니를 더 화나게 만든 건 할머니였다.

할머니는 어머니에게 욕까지 내뱉으면서 아버지 편을 들었다. 어떤 경우 할머니는 시시비비를 가리기도 전에 일방적으로 어머니가 아닌 다른 사람의 편을 들기도 했다.

어머니는 그때를 생각하며 말했다.

"평생 당신을 모신 사람은 난데, 잘못을 하더라고 너그럽게 봐줘야하는 것 아니냐!"

아버지에게도 할머니에 대한 아쉬움이 하나 있었다.

"아들하고 며느리가 살아보겠다고 일하면 밥이라도 해주고, 애들이라도 돌봐주었으면 고마웠을 텐데, 그렇게 하지 않으셨어."

그러나 아버지와 어머니는 할머니와의 관계를 긍정적으로 받아들이고 싶어 했다. 어머니가 어쩌다 할머니에 대해 아쉬운 점을 이야기할 때마다 아버지는 가볍게 호응했다. 그러나 아버지와 어머니는 할머니에 대해 길게 얘기하려 하지 않았다. 어머니는 이렇게 말했다.

"생각해 보면 할머니도 그렇고 많은 사람이 참 힘들게 살았어."


## 낙찰계 계주와 시장 친목계 회장

아버지는 신월동 시장에서 모임 두 개의 대표를 맡았다. 하나는 낙찰계 계주, 다른 하나는 시장 친목계 회장이었다. 아버지는 오랜 시간 이곳에서 장사하다 보니 누구네 숟가락이 몇 개 있는지까지 알 수 있게 되었다. 뿐만 아니라 금전 거래의 확실함과 친밀함으로 다른 사람들로부터 신뢰를 얻게 되었다. 이렇게 아버지는 장사를 하면서 큰돈은 아니지만 돈도 차곡차곡 모았다.

아버지와 어머니는 신월동 시장에서 처음으로 생선 장사를 시작할 때, 주변 상인들에게 시루떡을 돌렸다. 그 떡은 아버지와 어머니가 신월동 시장에서, 앞으로 잘 부탁한다는 마음의 표시였다. 이듬해 부모님은 무허가 집에서 할머니와 자식 셋을 데리고 닭 장사를 시작했다.

아버지의 인간적인 모습은 다른 사람과의 신뢰를 쌓고 이때 경제력도 좋아지면서 낙찰계 계주와 시장 친목계 대표를 하게 되었다. 낙찰계 계주는 집안 살림을 일으키는 데 큰 도움이 되었다. 시장에는 전부터 운영하던 낙찰계가 있었다. 아버지는 지인 오종섭에게 낙찰계를 넘겨 받았다. 낙찰계의 참여자는 15명이었지만 그 규모가 컸다. 1인당 5천만 원을 탈 수 있었다. 5천만 원은 지금으로 치면 최소 3억 원에서 최대 5억 원 가까이 되는 금액이다. 낙찰계에는 일정한 규칙이 있었다. 계원들은 매달 모임 때마다, 원하는 금액을 써서 냈고, 그중에서 가장 낮은 금액을 쓴 사람 혹은 가장 높은 이자를 주겠다고 한 사람부터 곗돈을 받아갔다. 아버지는 계주 자격으로 처음부터 5천만 원을 탈 수 있었다. 아버지의 기억에 따르면 낙찰계 회원들은 1인당 매일 10만 원씩 모았다고 한다. 계모임은 2년 넘게 지속됐다.

아버지는 시장 상인 50여 명이 모인 친목계에서 회장을 맡기도 했다. 계모임에서는 1년에 두 번 정도 놀러가기도 했다. 아버지는 시장 친목계 회장을 마치고, 다음 회장에게 돈을 남겨서 회계 장부를 넘겨주었다. 이렇게 할 수 있었던 비결 중 하나는 2차 모임을 가지 않는 것이었다. 간혹 2차를 하더라도, 회비를 사용하지 않고, 그때 모인 사람들이 갹출하는 방식으로 처리했다. 동창회나 향우회 같은 친목 모임에 가면, 어떤 경우 2차 모임 장소에서 회비를 사용하는 경우가 종종 있다. 그러나 아버지는 회장 직을 맡은 기간 내내 그렇게 하지 않았다.

아버지가 아는 어떤 향우회 회장은 자신의 집에서 사용한 전화 비용까지 공금에서 가져갔다고 한다. 아버지는 이런 경우에 대해 부정적이었다. 아버지는 연락할 때도 모두 집 전화를 사용했다. 계원들에게 연락했다는 이유로 회비에서 전화 비용을 빼는 경우는 없었다.

"단돈 십원도 허투루 쓰지 않는다."

아버지의 신조 중 하나다. 그러나 예외인 경우도 있었다. 개인 사정으로 회비가 밀린 사람한테는 밀린 회비의 일부만 받기도 했다. 또 아버지는 별도로 돈을 내야 할 때, 가장 먼저 내고 어떤 일을 할 때에도 가장 먼저 이름을 썼다. 이런 사소한 점도 아버지의 신뢰를 쌓이게 했다. 아버지는 시장 친목계 회장을 20년 이상 했다. 장사를 그만둔 이후에도 일정 기간 동안 친목계 회장을 도맡기도 했다.

장사를 하면서 갈등을 겪기도 했다. 친목계가 야유회를 가기로 한 날이었다. 그날 모임에서는 함께 먹을 음식으로 치킨을 가져가기로 했고, 그 치킨은 아버지와 어머니가 마련하기로 했다. 그러나 행사를 추진하는 한 명이 행사 전날 갑자기 아버지에게 말도 안하고 치킨 주문처를 바꿨다. 아버지는 잘못하면 얕잡아 보일 수 있고, 야료가 있다는 생각에 그분에게 강하게 자신의 의사를 전달했다.


## 살림 밑천을 장사로 마련하다

어머니는 닭 장사는 옷이나 화장품에 비해 마진율이 낮았다고 했다.

부모님이 집과 가게를 마련한 것은 순전히 닭, 생선, 계란, 폐백 닭, 항아리 만을 판매해서 이룬 것이 아니다. 장사로 밑천을 마련하고, 이 밑천에 다른 사람들과의 좋은 관계, 금융제도, 망설임 없는 적극적인 행동이 살림을 더 풍요롭게 만들었다.

아버지는 주위 사람들에게 점심이나 커피를 사는 등 크고 작은 친절을 베푸는 것을 좋아했다.

"무엇이든 주는 것이 있어야 받는 것도 있다. 일방적으로 받기만 하는 것은 말이 안 된다. 서로 주고받는 사이가 되어야 좋은 관계가 유지된다."

아버지가 주위 사람들과 관계를 맺는 방식이다. 아버지가 주는 것은 밥과 커피도 있었지만, 당신이 아는 정보, 지식, 문제 해결책 등을 비롯해 상대에게 도움이 되는 모든 것이었다. 아버지가 경제적인 자립을 이루고, 사회가 돌아가는 흐름을 파악하고, 계약서를 쓸 때 사기를 당하지 않고, 살 수 있었던 것은 주위에 많은 사람의 도움이 있었기 때문이다.

아버지는 모르는 게 있으면 주저하지 않았다. 늘 주변 사람에게 물어보고 조언을 구했다. 아버지가 이렇게 할 수 있었던 것은 평소 지인들과의 관계를 잘 맺었기 때문이다. 아버지는 한번 도움을 받으면, 그것을 절대로 잊지 않았다.

1990년, 부모님은 드디어 집을 마련하게 되었다. 서울 생활을 시작한 지 10년 만이었다. 이 순간 두 분의 머릿속에는 지난 10년 동안 힘들었던 기억과 즐거웠던 기억이 스쳤다. 우리의 새 보금자리는 장사하던 가게와 가까운 곳에 있었다. 빨리 걸으면 1분 안에 갈 수도 있었다. 집은 오래되어 허름했지만, 2층 건물이었다. 1층에는 조그만 가게가 있었고, 2층은 살림 집 그 위에는 옥상이 있었다. 원래 2층은 교회로 사용하던 공간이었다.

아버지와 어머니는 입주 전에 내부를 깨끗하게 수리했다. 문도 바꾸고, 싱크대도 새로 설치하고, 벽지도 신상품으로 새로 발랐다. 아버지와 어머니는 하나하나 서로 상의하면서 원하는 모양과 색으로 집안을 채워 나갔다. 방 하나는 부모님이 사용하고, 작은 방 중 하나는 여동생이, 또 다른 방 하나는 나와 남동생이 쓰기로 했다.

그러나 아버지와 어머니의 고민은 끝나지 않았다. 나와 남동생에게도 각자의 방을 주고 싶었기 때문이다. 그러나 방은 세 개 밖에 안 되었기에 뾰족한 수가 마땅히 떠오르지 않았다. 아버지는 계속 고민했고, 한 가지 아이디어를 생각해 냈다. 안방과 작은 방 사이에는 두 사람이 정도가 충분히 누울 만한 공간이 있었다.

아버지는 여기에 주목했다. 아버지는 기술자에게 요청해서 그 공간을 방처럼 꾸미고 미닫이문까지 달았다. 나이순으로 작은방은 내 차지가 되었고, 방처럼 처럼 공간은 남동생의 차지가 되었다. 이렇게 삼 남매 모두가 각자의 방을 가질 수 있게 되었다. 아버지와 어머니의 오랜 소망이 이루어진 것이다.

아버지와 어머니가 입주 전에 집 수리를 하고 있을 때, 나는 군대에 있었다. 상병을 달고 휴가를 나왔을 때 가게 내부는 그대로였다. 왼쪽에는 닭을 씻고, 자르는 싱크대와 압력기를 튀김 솥이 있었고, 오른쪽에는 판매용 계란이 쌓여 있었다. 달라진 점이 있다면 평소 빼곡하게 쌓여 있던 항아리, 튀김용 기름통, 포장용 봉지 등이 보이지 않았다. 가게 안은 이전보다 넓어져 있었다.

처음에는 가게의 바뀐 모습이 낯설게만 느껴졌다. 그러나 나는 얼마

지 않아 가게 안에 쌓여 있던 항아리와 튀김용 기름통이 어디에 있는지 알게 되었다. 모두 방에 벽면을 따라 가지런히 정돈되어 있었다. 우리 식구가 살던 공간은 가게 창고로 바뀌었다. 더는 신발을 벗지 않고 들어가도 되었다.

우리에게도 집이 생겼다는 생각에 절로 웃음이 났다. 나는 아버지에게 이게 다 어떻게 된 일이냐고 물었다. 제대로 확인받고 싶었다. 아버지는 웃으며 말했다.

"집을 샀다."

순간 나의 얼굴 전체로 미소가 퍼져나갔다. 예상대로 '집을 샀다'는 아버지의 말을 듣고 기분이 너무 좋았다.

나는 아버지를 따라 새로 이사한 집으로 갔다. 집안은 아직 수리 중이라 여기저기에 망치, 톱, 송판 등이 놓여 있었다. 아버지는 방 하나를 가리키며 말했다.

"여기가 네 방이다."

그 순간 너무 행복했다. 그때는 잘 몰랐다. 그저 즐겁고 행복하기만 했다. 아버지에게 '고맙습니다' 또는 '아버지 정말 대단하세요'라는 말 한마디도 건네지 못했다. 만약 지금이라면 정말 제대로 오버하며 표현했을 텐데 말이다.

나중에 이 집을 팔고 이사갈 때, 어머니는 눈물을 흘렸다. 아버지는 어머니가 그 집을 팔았기 때문에 눈물을 흘리는 줄 알았다. 한참 시간이 지난 뒤에 아버지는 어머니가 그때 왜 눈물을 흘렸는지 알게 되었다. 어머니는 이렇게 말했다.

"그 집에서 아이들 세 명을 다 키웠는데, 그 집을 두고 떠나려니 눈물이 날 수밖에 없죠. 안 그래요?"

정확히 말하면 이 집에서 삼 남매가 다 큰 것은 아니었다. 답내리 초가집, 청평 가마골, 항사리, 봉천동 달동네 이모네 단칸방과 전셋집, 봉천동 국회단지 전셋집, 처음 신월동으로 이사 왔을 때 살았던 조광연립, 생선 가게 단칸방, 무허가집 단칸방, 닭 장사 가게 단칸방, 그리고 아버지와 어머니가 돈을 주고 구입한 이층집까지 아버지와 어머니가 살림을 시작하고, 장사를 그만 두고 신월동을 떠날 때까지 살았던 집은 모두 열한 곳이었다. 신월동 2층 집에서 나는 대학교 3학년과 4학년, 여동생과 남동생은 고등학교와 대학교를 다녔다. 이곳에서 나와 남동생은 군대를 갔고, 우리 삼 남매 모두 여기서 살다가 결혼을 했다.

아버지와 어머니에게 신월동 이층집은 특별한 의미가 있었다. 처음 서울에 와서, 이모집 단칸방부터 시작해 고생 끝에 마련한 집이었기 때문이다. 특히 어머니에게 신월동 이층집은 단순히 이곳에서 자식들을 대학교에 보내고, 결혼을 시켰다는 의미가 아니라 그 이상일 것이다. 서울 생활의 고달픔이 이 집에 짙게 배어있었다. 더 깊게 생각하면 신월동 이층집에는 경기도 마석 답내리에서 신혼 살림을 시작하고, 자식 세 명을 낳고 하루하루 성실하게 일하며, 행복한 미래를 꿈꾸었던 지난 인생이 고스란히 스며들어 있었다. 표현 방식만 달랐을 뿐 아버지의 기분도 어머니와 다를 바가 없었다. 아버지는 늘 이 집을 쓸고 닦고 수리했다. 그리고 옥상에는 꽃과 나무를 심는 등 집을 아름답게 가꾸었다.

아버지와 어머니에게 이 집을 사기까지 가장 힘들었던 것은 무엇이었을까? '참고 인내하며, 일정한 돈을 모으는 것' 이는 따로 설명할 필요가 없을 것이다. 집을 사는 과정에서도 나름의 사연이 있었다. 당시 이 집의 가격은 1억 5천만 원이었다. 집주인은 포크레인 운전을 하는 분으로 그가 사는 곳은 서초동이었다. 그는 이 집을 팔려 했다. 그 소식을 들은 동네 사람 몇 명이 집을 사려고 찾아왔다. 그러나 그들은 그때마다 가격을 낮게 불렀다. 그들은 집주인에게 대출금 5천만 원이 있으며, 경제적으로 어려운 상황이라는 사실을 알고 계속 기다렸다. 실제 이 집은 경매에 부쳐질 수도 있었기에 집주인이 1억 5천만 원보다 낮은 가격을 부를 수밖에 없다고 생각했다. 이때 집주인이 아버지를 찾아왔다. 그는 평소 아버지의 성실함을 좋아했고, 시장 상인들 사이에서 신용 역시 완벽하다는 사실도 알고 있었다.

"우리 집을 구매할 생각이 있으신가요?"

아버지는 구매하고 싶지만 현실적으로 자금이 넉넉하지 않다고 털어놓았다. 당시 아버지가 가진 돈을 다 합쳐도 2천만 원이 전부였다.

1억 5천만 원짜리 집을 사기에는 턱없이 부족한 금액이었다. 그때 집주인이 새로운 제안을 했다. 2천만 원을 먼저 현금으로 주고, 나머지는 대출을 받아 사 갚으라는 것이었다. 아버지는 이 제안에 동의했고, 총 8번에 걸쳐 잔금을 갚아 나갔다. 집주인은 아버지에게 200만 원을 깎아 주기도 했다. 그러나 아버지는 자신의 이익보다 인간관계의 순리를 따랐다고, 마지막 원금을 갚을 때 200만 원을 다시 돌려주었다.

아버지에게는 집주인에게 돈을 한번에 주지 못하고 다달이 갚아나가는 것에 대한 미안함이 있었다. 세상은 정해진 법률에 따라 움직이기도 하지만, 때로는 인간과 인간 사이의 신뢰에 따라 움직이기도 한다. 아버지와 어머니는 약속과 신뢰, 믿음의 중요성을 지키기 위해 노력했다.

아버지가 1인당 5천만 원을 받는 낙찰계의 계주를 맡은 것과 시장 상인 친목계 회장을 맡을 수 있었던 이유 중 하나는 순리에 따라 관계를 맺어나가는 아버지의 방식을 사람들이 인정했기 때문이다.

부모님이 집을 마련한 힘은 무엇일까? 아버지와 어머니는 닭 장사와 계란 장사를 하면서 꾸준히 돈을 모았다. 이렇듯 성실하게 장사한 것도 집을 사는 데 보탬이 되었지만, 그 외에도 아버지가 낙찰계 계주를 한 게 결정적인 힘이 되었다. 낙찰계 계주는 회원들이 매일 내는 돈을 한 달 동안 사용할 수 있는 권리가 있었다. 아버지와 어머니는 이점을 활용했다.

부천에 있는 상가도 집안을 일으키는 데 큰 도움이 되었다. 아버지와 어머니는 집을 마련하기 전 부천에 상가 하나를 구입했다. 그곳에서는 매월 일정한 수입이 발생했다. 이 수입은 아버지가 낙찰계를 운영하고, 집값 대출금을 갚아 나갈 수 있는 힘이 되었다.

부천의 상가는 아버지와 어머니가 생선 장사, 닭과 계란 장사를 하며, 차곡차곡 모은 돈이 기반이 되어 구입할 수 있었다. 부천에 상가를 구입한 이유는 당연히 돈을 벌기 위함이었다. 그러나 여기에는 숨은 이유가 하나 더 있었다. 그것은 혹시라도 있을 수 있는 상황 때문이었다. 혹시라도 모를 상황은 생선 장사를 하면서 겪었던 것이다. 생선 가게의 계약이 만료되자마자 주인은 가게를 비워달라고 요청했다. 말이 요청이지 주인의 일방적인 통보나 다름없었다. 임차인인 아버지와 어머니는 어쩔 수가 없었다. 어떤 법적인 주장은 물론 아무런 법적인 보호도 받지 못하고 내쫓기고 말았다. 닭 장사를 했던 가게는 아버지와 어머니의 소유물이 아니었다.

"주인이 원하면 언제든지 가게에서 나가야만 했다."

이런 이유로 아버지와 어머니는 늘 마음 한 곳에 일말의 불안이 있었다. 주인이 원하면 언제든지 내쫓기듯 가게를 나올 수밖에 없었다. 아버지와 어머니는 어쩔 수 없었다. 아버지와 어머니는 그런 상황에 대비해 부천에 가게를 마련했다. 혹시라도 신월동에서 장사할 수 없게 된다면 부천으로 가겠다고 마음을 먹은 것이다. 그러나 이러한 일은 일어나지 않았다. 다행히 주인은 인정 있고, 마음이 넉넉했다. 아버지와 어머니는 한곳에서 18년 6개월 동안 장사를 할 수 있었다.

# 6장
## 미켈란젤로는 아름다워!

· · ·

"민주냐 반민주냐, 진보냐 수구냐."

이같은 정치적 논쟁을 떠나 아버지는 짧은 시간동안 정치 활동에도 참여했다. 정치 활동은 정치적 목적을 쟁취하거나 경제적 이익을 획득하려는 욕심은 아니었다. 그것은 친분과 약간의 경제적 여유, 자신만의 일정한 정치적 소신의 산물이었다.

1995년, 아버지는 양천 경찰서장으로부터 감사장을 받았고, 이듬해 1996년에는 신한국당의 양천을 지구당 선거대책위원회 위원으로 위촉되었다. 이 무렵 아버지는 최정철과 친하게 지냈다. 그의 학력은 중학교 졸업에 불과했지만 자수성가한 사람이었다. 그는 전파사를 하면서 새마을 지도자를 했고, 초대 구의원이 되었다. 이후 두 번 연속 구의원으로 당선이 되었다. 그는 갈등이 생기면 한쪽 편을 들기보다 양쪽의 의견을 듣고 조정하려고 노력했다.

아버지가 감사장, 표창장, 위촉장을 받은 것은 구의원이었던 최정철

씨와 개인적으로 친하기도 했지만, 약간의 경제적 여유가 생겼고, 선거 때마다 그를 도왔기 때문이다. 이런 활동으로 아버지는 새로운 세상을 알게 되었고, 스스로에 대한 자존감도 높아졌다.

이 무렵 이모부와 이모는 돈벌이가 수월치 않았다. 이모부와 이모도 우리 집처럼 자식이 세 명이었다. 다른 점이라면 우리집은 아들 두 명에 딸이 하나인데, 이모부와 이모는 딸 두 명에 아들이 하나였다.

신월동 시장은 활기가 넘치는 곳이었다. 서울의 다른 시장 중에는 대형 마트의 등장으로 죽어가는 곳이 많은데, 신월동은 오히려 조금씩 더 커지고 있었다.

이모부와 이모는 서울에 먼저 나를 일 년 동안 보살펴 주었고, 우리 가족이 처음 서울에 왔을 때 도움을 주었다. 아버지와 어머니는 단칸방에서 시작하여, 가게와 집을 사고 자식들을 키우며 살림살이를 조금씩 넓혀 갈 수 있었다.

아버지와 어머니가 장사를 하고 있던 가게, 바로 옆에 빈 가게가 나타났다. 아버지와 어머니는 이모부와 이모에게 신월동으로 이사를 올 것을 권유했다. 이 가게도 방 하나와 부엌 하나가 있고, 나머지 공간은 물건을 파는 곳이었다. 이모부와 이모는 이곳에서 정육점을 했고 이를 기반으로 1남 2녀를 키우고 또 노후에 남에게 경제적으로 신세를 지지 않게 되었다.

## 아버지, 담배와 술 끊기

"술, 담배."

담배는 백해무익에 가깝고, 건강을 해치는 주범이다. 술에 대한 평가는 결이 조금 다르다. 어떤 사람은 폭음이 아니고 적당량을 마시면 약이 된다고 한다.

아버지는 신월동에 살면서 술과 담배를 끊었다. 신월동 시장에서 멀지 않은 곳에 진고개라는 술집이 있었다. 이곳에는 여성들 20여 명 있었다. 아버지는 가끔 친목계 회원들과 이곳에서 술을 먹었다. 어느 날 여성들이 장사하는 가게로 돈을 받으러 왔다. 아버지가 술값을 안 주려고 했기 때문이 아니라 평소 아버지의 신뢰가 좋았기 때문이다. 아버지가 친목계를 대표해서 외상을 했던 것이었다.

아버지는 신월동에 살면서 술과 담배를 끊었다.

"건강에 좋지 않다. 특히 담배가 그렇다. 술도 과하게 마시면 말다툼도 하고 심하게 취하면 싸움도 하고 본의 아니게 주변 사람에게 실수도 하게 된다. 또 담배와 마찬가지로 술은 과하게 되면, 건강에도 좋지 않다."

아버지가 술과 담배를 끊은 결정적인 계기는 어머니의 한마디였다.

"나중에 애들 시집 장가보내는데 지장이 있어요. 그러니까 끊어요."

아버지는 담배와 술을 끊고 나서 좋은 점이 많았다고 한다. 일단 주변 사람들에게 신뢰와 신용이 더 좋아졌다. 그 결과 나와 남동생에게 딸을 시집보내고 싶다는 분도 있었다. 딸이 셋이나 있던 친한 지인은 "마음에 드는 딸이 있으면, 만남을 주선해 보는 게 어때?"라고 말하곤 했다.

아버지는 자식들에게도 항상 담배를 피우지 말라고 당부했다. 남동생은 대학을 입학하고, 군대를 갔다 온 후에도 담배를 피우지 않았고, 지금도 담배를 피우지 않는다. 나는 군대에 입대한 후, 담배를 피우기 시작했다. 아버지는 나에게 여러 번 담배를 피우지 말라고 했다. 나는 담배를 많이 피울 때 하루 두 갑씩 피웠다. 이정도면 잠을 잘 때를 빼고는 거의 종일 담배를 물고 있어야 한다. 특히 나는 어렸을 때 기관지 수술을 했는데, 그때 담당 의사 선생님이 어른이 되면 절대 담배를 피우지 말라고 했는데도 그 말을 듣지 않았다. 다행히 나도 담배를 끊었다. 내가 담배를 끊는데 도움을 준 것은 국가보안법이었다. 이 법 때문에 감옥에 갔고, 당연히 감옥 안에서는 담배를 피울 수 없었다. 이때 나는 굳게 결심하고, 담배를 끊었다.

감옥에서 출소하던 날이 기억난다. 보안법이든 마약이든 사기범이든 출소자 중에 담배를 피우는 사람은 구치소 문을 나서자마자 지인들에게 담배를 달라고 한다. 그리고 담배를 길게 한 모금을 빨아들이면서 해방의 즐거움을 만끽한다. 그러나 나는 담배를 피우지 않았다. 아버지가 대뜸 나에게 말했다.

"잘했다. 절대 피우지 마라, 좋은 거 하나 없다."

명절 때는 시끌벅적하게 이야기를 주고받는 게 가족 간의 즐거움이다. 술은 조용한 분위기를 즐거운 분위기로 만드는 촉매제 역할을 한다. 아버지는 술을 한 모금도 마시지 않는다. 제사 때 음복할 때도 술을 마시지 않는다. 남동생도 술을 안 마신다. 나만 조금씩 즐길 뿐이다. 그러다 보니 명절 때 우리 가족은 대체로 조용하다.

청평에서 있었던 일이다. 어느 날, 어둠이 막 깔리기 시작했을 무렵, 아버지와 나는 길에서 우연히 마주쳤다. 이때 아버지는 혼자가 아니었다. 아버지는 어떤 여성과 어깨동무를 하고 있었다. 그 여성은 어머니가 아니었다. 아버지는 술을 한잔 드신 상태였다. 그러나 아버지는 나를 보지 못했다. 아버지가 화장실에 갔다 나왔을 때, 내가 "아빠"하고 불렀다.

그 순간, 아버지는 즐겁게 웃었다. 그리고 지갑에서 천 원짜리 한 장을 꺼냈다. 아마 아버지는 당신이 다른 여성과 함께 있는 장면을 내가 보았다고 상상조차 못했거나 술을 한잔 마셔서 아들 앞에서 어떤 모습을 보여주고 있는지 잊었을 가능성이 높다.

그로부터 40여 년 지난 어느 날, 나는 아버지와 마주 앉아 옥수수 껍질을 벗기면서 이 이야기를 물었다. 그러나 아버지는 그날 일을 기억하지 못했다. 아버지는 쑥스러운 표정을 지으며 가볍게 웃으셨다.

아버지는 당시 기준으로 보면 바람을 피운 것도 부정을 저지른 것도 아니었다. 부모님이 동시에 아는 과거 지인 중에 어떤 분은 아내가 있는 상황에서 첩을 들이기도 했고, 또 한술 더 떠서 아내가 아픈데도 불구하고 두 번째 부인과 시간을 보내기도 했다.


## 첫 손주가 태어난 날


아버지에게 가장 기뻤던 순간과 슬펐던 순간이 언제인지 물었다. 아버지는 슬펐던 일에 대해서는 아무런 말도 하지 않았다. 그러나 기뻤던 일에 대해서는 분명하게 말했다.

"손주들이 태어났을 때지."

때는 2000년 아버지는 꿈을 꾸었다. 아버지는 아주 깨끗한 물에서 하얀 꽃무더기 세 개를 보았다. 그때 아버지의 해몽은 이러했다.

"땅이든 돈이든 뭔가 세 가지 부가 우리 집으로 오는 게 아닐까."

그러나 그것은 땅도 아니고, 돈도 아니었다. 하얀색 꽃무더기 세 개는 손녀였다. 2000년 11월 17일, 첫 손주로 손녀가 태어났다. 아버지는 나와 아내가 아이를 가졌다고 했을 때 무척 좋아했다. 아버지는 곧장 서점으로 가 책 세 권을 샀다. 아버지는 학교 문턱에도 가본적이 없었기 때문에 평소 책과 가까운 사람이 아니었다. 사실 아버지는 책 한 권을 제대로 읽어본 적이 없었다. 그러나 손주가 생겼다는 이야기를 듣는 순간, 아버지는 책 세 권을 독파하듯 읽었다. 물론 처음부터 끝까지 한번에 읽은 것은 아니었다. 필요한 부분을 중심으로 어떤 곳은 대여섯번 이상 펼쳐보고, 어떤 곳은 스치듯 읽고 지나갔다.

아버지가 산 책 세 권은 이름 짓는 법에 관한 것이었다. 사주학, 작명학에 따라 써놓은 책을 읽으며 손녀가 태어나기 몇 달 전부터 이름 4개를 지었다. 어느 날 아버지가 이름을 보여주었다. 그러나 나와 아내는 말을 빙빙 돌리며, 어떤 이름이 좋은지 말하지 않았다.

"이름이 다 좋은데 이 이름은 조금 남자 같아요. 그리고 이 이름은 약간 옛날 식이고, 다른 이름 두 개도 좋은 것 같긴 한데 생각을 좀 해볼게요."

나와 아내는 아버지의 기분이 나쁘지 않게 거부 의사를 표현했다. 또 여동생에게도 부탁했다.

"이름이 마땅치 않은데 아버지에게 말 좀 잘해줘."

이후에 어떤 과정을 거쳤는지 정확히 기억나지 않는다. 다만 아버지는 한글 이름과 한자를 수정했다. 그리고 나와 아내는 아버지가 지은 이름 가운데 하나를 택했다.

딸의 이름은 '준아'가 되었다. 딸이 태어난 지 얼마 안 되었을 때, 그때까지 나는 승용차가 없었다. 나와 아내는 딸이 갓 태어난 상태라 택시를 타고 왔다. 그때마다 아버지는 택시가 도착하기 30분 전부터 도로에 나와 기다렸고, 택시 문이 열리자마자 아버지는 손녀를 두 손으로 안고 집으로 걸어갔다. 나와 아내는 6년 후에 아들을 낳았고, 이듬해에는 남동생 부부가 아들을, 여동생 부부는 딸을 낳았다.


## 정주영과 노무현의 싸움


아버지는 항상 나에 대해 이렇게 평한다.

"부정적으로 말하면 고지식하고, 좋게 말하면 솔직하고 정직하다."

나 스스로 얼마나 고지식한지, 얼마나 솔직하고, 정직한지 잘 모르겠다. 어떤 경우에는 다른 사람보다 정직하고 솔직하기도 하다. 그러나 나의 인생이 윤동주 시인의 시, 「서시」의 어떤 자아를 뛰어넘는 수준일까?

가끔씩 「서시」에 등장하는 화자처럼 "잎새가 이는 바람에도 나는 괴로워했다."와 같은 감정을 경험한 적은 있다. 그러나 나의 인생은 분명히

"하늘을 우러러 한 점 부끄러움이 없는" 그런 건 아니었다.

아버지는 솔직하고 정직한 사람들이 사회에서 어떤 대우를 받는지에 대해 간혹 자신의 생각을 말한다.

"솔직하고 정직하면 그걸 알아주는 사람보다 이용해 먹으려는 사람이 많아져⋯⋯."

지금도 그것이 '솔직함과 정직함' 때문인지 아니면 다른 어떤 것 때문인지 모르겠다. 어쨌든 나와 아버지는 생각의 차이 때문에 한동안 심한 갈등을 겪었고 갈등이 있을 때마다, 단골로 등장하는 사람이 두 명 있었다.

한 사람은 돈이 많은 부자이고, 다른 한 사람은 정치인이다. 부자의 이름은 정주영이고, 정치인의 이름은 노무현이다. 알다시피 정주영은 '현대그룹의 창업주'이고, 노무현은 '인권변호사 출신의 정치인'이다. 두 사람의 공통점이 있다면 모두 자수성가를 하고, 누가 보아도 대단한 결과물을 만들었다는 것이다.

1988년 12월 5일, 5공비리 청문회에서 정주영 회장은 이렇게 말했다.

"나는 시류에 따라 산다."

이 말에 대해 당시 국회의원이었던 노무현 대통령은 "시류에 순응하는 것이 힘이 있을 때는 권력에 붙고 힘이 없을 때는 권력과 멀리해 자라나는 청소년에게 가치관의 오도를 가져오게 하고 정의를 위해 목숨을 바친 수많은 양심적인 사람들의 분노를 일으킨다고 보지 않습니까?"라고 물었다

아버지는 종종 정주영 회장의 말을 인용했다.

"세상을 살려면 정도의 차이는 있겠지만 정주영처럼 살 수밖에 없다."

이건 아버지의 경험이 만든 결론이기도 하다. 아버지는 어린 시절부터 부모님의 부재로 여러 차례 속임을 당했다. 그 과정에서 아버지는 솔직함과 정직함이 있는가? 라는 생각을 여러 번 했다. 어느 순간부터 아버지는 일부러 나에게 정주영 회장의 이야기를 했다. 말하는 방식과 횟수가 조금은 집요하게 느껴질 정도였다. 정주영 회장 이야기가 의미하는 바는 "정직하게 남에게 피해를 끼치지 않고 사는 것이 좋지만, 그렇게만 살면 너무 힘드니, 때론 정주영의 처세술을 따르는 것도 나쁘지 않다."는 뜻이었다.

이 말의 의미는 "다른 사람에게 피해를 끼치고, 자신만의 이익을 챙기라는 이야기가 아니라, 세상에는 순수함과 악이 교차하고 있으니 세상을 너무 순수하게만 바라보고 살지 말라."는 이야기였다. 나는 아버지가 나에 대해 우려하는 점이 무엇인지 알고 있다. 아버지는 '당신의 아들이 다른 사람에게 피해를 주지 않고 사는 것'은 좋지만, 고지식함과 정직함 때문에 피해를 입을까 봐 그것을 걱정했다.

아버지가 '시류에 따라 산다'는 정주영 회장의 이야기를 할 때마다. 나는 노무현 대통령이 청문회에서 했던 것과 비슷한 이야기를 했다. 정주영과 노무현의 대리전이기도 했고, 기성세대와 신세대의 갈등이기도 했다.

그럴 때마다 아버지와 나의 감정은 극한으로 치달았다. 이런 상황이 되면 남동생은 슬쩍 자리를 피했고, 여동생은 나에게 그만하라고 했다.

181

어머니는 아버지와 나 사이를 말리고 중재하려 했다. 이런 말싸움은 주로 주말에 함께 밥을 먹으면서 벌어졌다.

나는 당연히 5공의 주역인 전두환을 살인마라 여겼고 비민주적인 요소가 사라져야 한다고 생각하는 청년 중 한 명이었다.

어찌 되었든 정주영 회장은 권력자에게 협조했고, 정주영 회장은 대기업을 일구었음에도, 노조를 탄압했다. 아버지는 "노무현은 역대 대통령 중에 가장 솔직한 사람"이라고 말했다. 그러나 아버지는 다음과 같은 말도 덧붙였다.

"결국 죽고 말았잖아! 사회는 정직한 사람을 인정하지 않는다. 대부분의 경우 사람들은 정직한 사람을 이용하려 든다."

아버지와 나 사이에 있었던 이런 갈등은 시간이 지나고 내 나이가 많아지면서 조금씩 잦아들었다. 그 과정이 어떻게 이루어진 것인지 정확히 알 순 없지만 말이다. 한때 나는 조금은 맹목적으로 거짓 없는 순수함이 존재할 거라 생각했던 것 같다. 그러나 이제는 완전히 순수한 것은 없고 그걸 향한 과정만이 있지 않을까, 라는 생각을 하게 되었다. 결국 인간의 욕망은 다양하다는 생각까지 하게 되었다. 이런 생각의 변화가 아버지와 내가 갈등을 해소하는 계기가 되었던 것 같다.


## 데모를 하면, 취업을 할 수 없다는데

나는 대학교를 졸업한 이후, 잡지사에서 일했다. 그리고 1997년 〈민족통일애국청년회〉라는 단체의 사무국장이 되었다가, 그 다음해 단체의 회장이 되었다. 〈민족통일애국청년회〉는 민주화와 통일을 목적으로 설립된 단체로, 1987년 6·10 민주항쟁의 힘으로 만들어 졌다.

사건이 일어난 것은 1998년 11월 말이었다. 비밀 경찰은 항상 새벽에 나타난다고 하는데 그날도 딱 그랬다. 아버지는 늘 그렇듯이 일찍 일어나 가게 문을 열 준비를 하고 있었고 어머니는 밥을 하고 있었다.

"똑. 똑. 똑."

밖에서 문을 두드리는 소리가 들렸다. 계속 나의 이름을 부르는 소리도 들렸다.

"똑. 똑. 똑."

또 문을 두드리는 소리가 나더니 연이어서 "한대웅 씨 계십니까?"라는 한 남성의 굵은 목소리가 들렸다.

어머니가 문을 열자 그러자 사내 다섯명이 집안으로 우르르 들어왔다. 그들은 경찰청 대공 담당 형사들이었다. 그들은 다짜고짜 내 방이 어디냐고 묻더니 방문을 열고 들어왔다.

이때 나는 상황의 심각함을 감지하고 있었다. 며칠 전부터 경찰이 잡으러 올 것 같다는 느낌이 있었다. 도청을 비롯한 이상한 전화가 걸려 오는 등 몇 가지 징후가 있었기 때문이다. 이날도 이런 불안감 때문에 선잠을 자고 있었다. 나는 문을 두드리는 소리와 어머니의 목소리를 듣는 순간, 만일에 대비해 곧바로 옷을 입었다.

형사들이 내 방으로 들어왔다. 옆에는 아버지도 함께 따라왔다. 형사들은 나에게 미란다원칙이란 것을 공지했다. 순간 경찰 옆에 있던 아버지가 화가 난 표정으로 나에게 소리를 질렀다.

"도대체 무슨 짓을 하고 다닌 거야."

그러나 경찰은 오히려 차분했다.

"별거 아닙니다. 아버님!"

경찰은 곧바로 내 방을 수색하려고 했다. 나는 순간 다른 옷 주머니에 있던 디스켓이 생각났다. 그 디스켓에는 수많은 문건이 있었다. 나는 재빠르게 다른 옷 주머니에서 디스켓을 꺼낸 다음 두 손으로 구겨버렸다. 그러자 경찰 두 명이 동시에 소리쳤다.

"한대웅, 이 새끼, 너 죽을래?"

순간 나는 깜짝 놀랐다. 그러나 경찰은 욕만 했을뿐, 나에게 더는 해코지를 하지 않았다. 내 옆에는 아버지가 있었기 때문이다. 아버지는 가만히 있지 않았다. 몇 초 전 나에게 화를 퍼부었던 아버지가 아니었다.

아버지는 본능적으로 나를 보호했다. 아버지는 소리를 지른 젊은 경찰의 멱살을 잡고 맞받아쳤다.

"뭐야, 이 자식아!"

아버지가 화내며 멱살을 더 세게 움켜잡자 경찰도 주춤했다. 아마도 아버지가 자신보다 나이도 많고, 이 일의 관련자도 아니고 앞뒤 없이 화내며 대항을 하자, 자신들이 불리하다고 생각했던 것 같다. 아버지는 체구는 작았지만 어린 시절부터 농사와 막일을 오래 한데다가, 닭 장사를 하며, 무거운 칼로 칼질을 오래 했기 때문에 손아귀의 힘이 셌다. 순간 침묵이 흐른 후 경찰 중에 가장 나이가 많은 사람이 말했다.

"아버님, 진정하세요. 별일 없을 것입니다."

184

이때 나는 책상에 있던 펜으로 전화번호 하나를 적은 다음 아버지에게 주었다. 이 때도 경찰은 나에게 화를 냈지만 아버지의 기세에 눌렸는지 아무것도 하지 않았다.

나의 손목에는 수갑이 채워졌고, 집 앞에 대기하던 승용차를 타고 홍제동 대공분실로 잡혀갔다. 내가 집 밖으로 나간 후, 경찰의 압수 수색이 있었다. 그러나 경찰의 압수 수색은 아버지의 방어로 쉽지 않았다. 경찰은 동생의 컴퓨터를 가져 가려 했다. 이때 아버지는 그 컴퓨터는 내가 사준 건데 왜 가져가려 하냐면서 경찰이 컴퓨터에 손을 대지 못하게 했다. 경찰은 계속해서 여동생의 방을 수색하려고 했다. 이번에도 아버지는 소리를 지르고 화를 내며 달려들었다.

"우리 딸 방인데 왜 여기를 수색하려 하는 거야!"

이때도 경찰은 아버지의 기세에 눌렸는지, 압수 수색을 진행하지 않았다.

자식이 잡혀가는데, 분노하지 않을 부모가 어디 있겠는가? 아버지는 나를 강한 부성, 조건 없는 부성으로 감싸주었다. 나중에 시간이 흐른 뒤에도 아버지는 이날 일에 대해 별다른 감정 표현을 하지 않았다. 아버지는 처음에 경찰에게 화를 내지 않고 나에게 화를 냈는데 이유는 나중에 어머니에게 들었다.

"아버지가 화를 냈던 것은 실망감 때문이었어. 세상의 모든 아버지들은 자식이 잘되기를 원하지 않니? 데모를 하면 직장에 취업할 수도 없고, 취업을 못 하면 힘들게 살아야 할텐데……."

어머니 말에 따르면, 아버지는 내가 성실하게 잘살 거라는 기대를 품고 있었는데, 새벽에 경찰이 들이닥친 순간 모든 기대가 사라졌다고 한다. 그런 상황에서 내 얼굴을 보자 욱하는 아버지의 성격이 발동한 것이다.

아버지가 나에게 기대했던 건 거창한 것이 아니었다. 내가 경제적으로 사회적으로 큰 성공을 거둔다면 두말할 필요가 없다. 그러나 이렇게 되려면 스스로 남다른 노력을 해야 하지만 운도 따라야 한다. 아버지가 바란 것은 내가 안정된 직장에 취업을 하고, 경제적으로 자립하고, 착하고 성실하게 사는 것이었다.

나보다 나이가 좀 더 많은 세대들은 데모를 하면 삶이 힘들어지는 경우가 많았다. 심한 고문을 받거나 아버지의 걱정처럼 취업이 원초적으로 불가능한 상태가 되는 것이다. 그러나 내가 구속될 때만 해도 흔한 말로 데모를 하더라도 취업이 불가능한 시절은 아니었다. 다소 불편하긴 했지만 데모를 했던 대학생들이 갈 수 있는 곳은 막혀 있지는 않았다. 다만 데모를 하느라 본격적인 취업 준비를 제대로 하지 못했다.

경찰이 돌아간 후, 아버지는 나에게 받은 전화번호로 전화를 해 한 젊은이와 통화를 했다. 그는 〈민족통일애국청년회〉 회원이면서 나의 선배였다. 아버지는 바로 옆집에서 장사를 하는 이모부에게 도움을 청했다. 이모부의 가까운 친척 중에 한 명이 형사였다. 그가 수소문을 해주어서 아버지와 어머니는 내가 종로경찰서 유치장에 있다는 사실을 2박 3일 만에 알 수 있었다. 부모님은 내가 연락이 안 되는 동안 걱정이 이만저만이 아니었을 것이다. 어머니는 잠도 이루지 못했다. 혹시 경찰에게 얻어맞고 있는 것은 아닌지, 아니면 쥐도 새도 모르게 어딘가로 끌려가서 죽임을 당하는 것은 아닌지 별의별 걱정을 다했다.

나는 동료 8명과 함께 잡혀 갔고 이적단체 구성과 반국가 단체를 찬양, 고무했다는 이유로 구속되었다. 대공분실에서 조사를 받은 후, 영장 실질 심사를 받았는데, 동료 중에 6명은 출소했고 나와 나머지 두 명은 구치소에 수감 되어 조사를 받았다. 나는 서울 구치소에 3개월 동안 수감되어 1심 재판을 받았다. 추정컨대 나의 재판은 국가보안법 개폐 논의에 따라 이후 6년여 동안 결론이 나지 않았다. 마지막 대법원 재판에서 이적단체 구성은 무죄 판결을 받았고, 사건은 다시 고등법원으로 되돌려 보내졌다. 그러나 반국가단체를 찬양, 고무한 것은 그대로 유죄가 되었다.

이때 아버지는 많은 일을 겪었다. 아버지는 스물둘에 전규만이라는 창호지 공장 동료에게 죽임을 당할 뻔하고, 단양에서 경찰서와 법원을 오가며, 재판을 받았다. 그때 이후 처음으로 빈번하게 변호사를 만나고 법원과 서울 구치소를 왔다 갔다 했다.

어느 날 재판을 받을 때였다. 재판이 끝나고 내가 퇴장하려는데 아버지가 살짝 옆으로 다가왔다.

"힘을 내라, 어깨 펴고!"

"괜찮아요 아버지, 걱정하지 마세요"

아버지의 눈에 비친 그날의 내 모습은 안쓰러움 그 자체였던 것 같다. 생각해 보니 그 날 재판정에 선 나는 정면에 있는 판사나 나의 좌측에 있는 검사를 응시하지 않고, 무의식적으로 머리를 숙이고 있었다.

아버지는 이때 난생 처음 집회에도 참여했다. 국가보안법으로 학생이나 노동자들이 잡혀가면 이들을 돕는 어머니들이 있었다. 이 어머니들을 중심으로 결성된 단체에서 주최하는 집회였다. 아버지가 보기에 '어머니들은 논리적으로 말도 잘하고, 경찰 앞에서 무서움이 없는 사람들'이었다. 집회에서 어머니들이 주먹보다 더 큰 돌을 들고, 그것으로 경찰의 방패를 두드리며 항의했는데, 아버지는 그 모습이 인상적이었던 듯하다. 아버지는 이 이야기를 여러 번 했다.

〈민족통일애국청년회〉 회원들은 재판을 받을 때마다, 집회가 있을 때마다, 아버지와 어머니에게 연락을 하고 함께 해주었다. 아버지와 어머니는 위로 차 우리 집을 방문한 〈민족통일애국청년회〉 회원들에게 튀김 닭과 양념 닭을 대접하기도 했다.

아버지와 어머니는 이때 가게 문을 자주 닫았다. 나를 구치소에서 빼내기 위해 재판과 집회에 참여하고 변호사를 만나 면회를 와야 했기 때문이다. 이 일 때문에 아버지와 어머니는 마음고생은 물론, 시간적 경제적으로도 손해를 보았다.


## 인생살이 새옹지마

아무리 어렵고 힘든 일이 발생하더라도, 어떤 경우에는 그 안에서 즐겁고 기쁜 일이 생기기도 한다. 아버지와 어머니에게도 새옹지마 같은 일이 일어났다. 아버지에게는 가벼운 걱정이 하나 있었다. 그 걱정의 대상은 바로 나였다. 아버지는 내가 대학에 들어갔을 때 이렇게 말했다.

"다른 사람에게 먹을 것도 그렇고 뭐든 많이 사줘라."

아버지가 왜 그렇게 말했는지 모르겠다. 아버지는 내가 혹시라도 여자들에게 외면이라도 받을까 걱정이 되어서 이런 말을 했다. 이런 걱정은 쓸데없는 아버지의 기우였다.

이 사건을 겪으면서 아버지와 어머니는 나의 여자 친구를 만났다. 두 분이 보기에 나의 여자 친구는 인상도 좋고 쾌활했다. 여자 친구를 처음 만난 사람은 동생들이었다. 둘 다 처음 만날 때부터 내 여자 친구에게 좋은 인상을 가졌다. 여자 친구는 부모님과 함께 구치소에 면회 오기도 했다. 또 면회를 올 때, 아버지와 어머니의 팔짱을 끼기도 했다. 이듬해 나는 여자 친구와 결혼했다.


## 어머니의 감내


나는 1989년 1월에 입대해서, 1991년 3월에 제대했다. 통상 군대를 다녀온 대학생들은 취직 준비에 집중하는데, 나는 도서관에서 취업을 위한 공부를 하기보다는 학생회 활동과 독서 토론에 집중했다. 또 이틀 혹은 삼일에 한 번 집에 들어오지 않고, 외박을 했다. 신입생 때는 이런 일이 많지 않았다. 외박을 하더라도 정말 가끔 1박을 하는 정도였다. 내 딴에는 나름 바빴다. 사람들이 뭐라고 말할지 모르겠지만, 학생회 관련 일, 사회과학 세미나와 집회 참여 후 뒤풀이 등이 외박을 하는 이유였다. 처음에는 집에 일찍 들어가려 했고, 외박을 하지 않으려고 했으나 어느 순간부터는 생활이 되고 말았다. 또 나만 그런 것이 아니라 함께 어울리는 친구, 선배, 후배들도 집에 일찍 가는 것에 신경 쓰지 않았다.

어느 날 아버지는 매우 화가 났다. 그날도 나는 자정이 넘었는데도 집에 들어오지 않았다. 아버지는 굵은 나무 막대기를 들고 마루에서 기다렸다. 그러나 내가 아버지에게 나무 막대기로 맞는 일은 일어나지 않았다. 나는 너무 늦게 들어왔고, 그 전에 아버지는 몸이 피곤해서 잠이 들고 말았다.

어떤 날 아버지가 말했다.

"네가 늦게 들어오면, 엄마가 너를 걱정해서 잠을 안 잔다."

어머니에게는 몹시 힘든 일이었다. 나는 이때만 해도 어머니의 마음고생을 몰랐다. 어머니는 나에게 일찍 오라는 이야기를 정식으로 했던 적이 없었다. 모든 것을 속으로 감내했던 셈이다. 그날 이후 나는 조금씩 일찍 들어왔고, 늦게 되면 전화를 했다. 그러나 좀처럼 늦게 들어오는 습관은 바로 바뀌지 않았다.

아버지는 하고 싶은 말이 있으면 직설적으로 풀었다. 그러나 어머니는 스스로 감내했다. 이런 상황은 여동생과 남동생에게도 있었다. 여동생은 붓글씨와 그림에 재능이 있었다. 초등학교 6학년 때는 붓글씨 대회에 나가 상을 탔다. 붓글씨 대회에 나갈 때면, 많은 경우 선생님들이 조금씩 도움을 주기도 했는데, 여동생은 그렇지 않았다. 그때 붓글씨를 가르쳤던 선생님이 이렇게 말했다.

"온전히 자신의 노력과 실력으로 붓글씨를 쓰고 상을 받았구나."

이때 상을 받은 붓글씨 작품은 족자를 만들어서 지금도 집에 보관하고 있다.

"미대에 가고 싶어요."

중학생이 된 여동생이 아버지와 어머니에게 말했다. 이때 아버지와 어머니가 어떻게 대답했는지는 여동생도 그렇고 아버지와 어머니도 기억하지 못한다. 한 가지 확실한 건, '미대에 가고 싶다'는 여동생의 소망은 아버지와 어머니가 수용하기에는 버거운 것이었고, 상상 밖의 일이었다. 여동생도 아버지와 어머니에게 심각하게 말한 것은 아니었다. 아주 가볍게 이야기했다. 여동생 스스로도 집안 형편상 '미대에 간다는 것'은 실현되기 어려운 일이라고 생각했다.

여동생은 고등학교를 다닐 때, 서클 활동으로 사진반에 가입했다. 서클 담당선생님은 여동생의 담임선생님으로 학생들에게 애정이 많았다. 부모님 상담 시간에 담임선생님은 어머니에게 그때 기준으로 다소 특별한 제안을 했다.

"희경이를 사진학과에 보내면 좋을 것 같습니다."

미술학과에 가려면 오랜 시간 동안 학원을 다니며 준비를 해야 했다. 그러나 사진과는 댓상 정도만을 배우면 시험을 볼 수 있었기 때문에 미술학과에 비해 시험 준비가 상대적으로 수월했다. 담임선생님의 제안이 있긴 했지만, 여동생은 크게 기대하지 않았다. 사진학과는 등록금은 물론 카메라 장비 값도 비싸고 필름 구입, 인화 등으로 수업료가 많이 필요한 곳이었다. 그러나 뜻밖의 결과가 나타났다. 아버지와 어머니는 여동생의 사진학과 입학을 허락했다. 이 무렵 아버지와 어머니의 닭 장사는 수입이 막대하진 않아도 어느 정도 가족들에게 경제적 여유를 만들어 주고 있었다.

그러나 여동생은 막상 대학에 입학한 이후 잠시 방황했다. 두 달 동안 학교에 가지 않았고, 동갑내기 동성 친구의 자취방에서 종일 살았다. 결국 대학교 교수님으로부터 연락이 왔다. 어머니는 학교로 찾아가서 교수님에게 죄송한 마음을 전했다. 아버지는 이 사실을 여동생이 결혼하고 손녀까지 낳은 뒤 알았다. 어머니는 일부러 이야기를 안 했다. 아버지가 이 사실을 알게 되는 순간 벌어지게 될 일은 어머니도 감당하기 쉽지 않았기 때문이다.

여동생은 오랫동안 미술학과에 입학하지 못한 것에 대해 아쉬움이 있었다. 그 아쉬움은 두 달 동안 학교에 가지 않는 결과로 이어졌다.

"아버지와 어머니에게 고민을 이야기할 수 있었다면, 더 좋은 쪽으로 결론이 나지 않았을까."

당시 사회는 부모와 자식이 다정하게 과거를 돌아보고 현재를 살펴며, 미래의 꿈을 이야기는 분위기가 아니었다. 또 아버지와 어머니의 입장에서는 먹고사는 문제를 해결하느라 시간도 없었다. 여동생도 이러한 사실을 모르지 않았다. 여동생의 입장에서는 아쉬울 뿐이다.

남동생이 겪은 일은 취업 때문에 일어났다. 남동생이 아버지에게 말했다.

"취업을 하려면 컴퓨터 관련 자격증이 필요해요."

이렇게 말하면서 남동생은 학원에 등록할 돈을 지원해 달라고 말했다. 그러나 무슨 생각 때문인지 아버지는 남동생의 부탁을 들어주지 않았다. 그러자 남동생은 어머니에게 부탁했다. 어머니는 아버지 모르게 자신이 가지고 있던 금반지와 금목걸이를 팔아서 학원 등록비를 대주었다. 그리고 남동생은 컴퓨터 관련 자격증을 땄다. 지금 남동생은 은행에서 시스

템 관리와 관련된 일을 한다.

내가 고등학교를 다닐 때 우리 반은 60명이었다. 나는 한때 잦은 지각을 했고, 성적이 상위권부터 꼴찌에서 세 번째까지 바닥을 치는 등 롤러코스터 생활을 했다. 결국 담임선생님은 어머니를 불렀다. 그러나 어머니는 상담을 마친 후에도 나에게 아무 말도 안 했다. 어머니는 내가 기분이 안 좋거나 우울해할 때면, "칼국수 먹을래? 족발 먹을래?"라고 하며 자꾸만 뭔가를 사주려 했다.

아버지는 몇 번 자식들에게 "이런 일을 하면 어떻겠니?"하며 미래에 대한 제안을 했다. 아버지의 위치가 그렇게 행동하도록 했을 것이다. 그러나 어머니는 제안을 한 번도 하지 않았다. 이유는 간단하다. 어머니는 이렇게 말했다.

"먹고사느라 바빴다."

가슴 아픈 말이었다. 어머니의 이 말에서 그동안 세월을 묵묵히 감내한 심정이 느껴졌다.


## 우울했던 아들에게 햇빛을 보여주다


나는 청소년기는 물론 20대부터 40대 초반까지 아버지에 대한 부정적인 기억이 많았다. 예를 들면 아버지와 어머니 사이에 있었던 부부 싸움이나 아버지가 갑자기 버럭 화를 냈던 것이 그렇다. 그러나 결혼을 하고, 나이가 들면서 아버지를 이해하게 되고 긍정적인 것들이 머릿속에 남기 시작했다.

　잊을 수 없는 기억은 어린 시절은 물론 고등학교, 대학교, 군대 때도 있었다. 아버지의 품을 느낄 수 있는 따뜻한 기억들이 있었음에도 불구하고, 한동안 나는 그것을 잊고 살았다.

　내가 어렸을 때 아버지는 얼굴 가득 미소를 띄운 채, 큰 짐자전거에 나와 동생들을 태우고, 시장으로 가서 쭈쭈바를 사 주었다. 그날 나는 마냥 즐거웠다.

　나는 고등학생 때 공부를 잘하고 싶은 마음이 매우 강했다. 그러나 성적이 생각만큼 올라가지 않았다. 노력이 부족했는지, 노력을 했는데도 요령이 부족했는지 모르겠다. 분명한 것은 공부를 잘하고 싶다는 열망이 학년을 거듭하면서 깊은 좌절로 이어졌고 이내 심리적 우울로 나타났던 것 같다. 어떤 날에는 고도의 집중력을 발휘해 주변을 신경 쓰지 않고 도서관에 앉아 공부만 할 때도 있었지만, 가끔 아무 것도 하지 않고 종일 다락방에 무기력하게 누워있기도 했다. 돌아보면 약한 조울증이 있었던 것 같다. 며칠 동안 온 신경을 집중해 공부를 하고 있을 때였다. 그때도 나는 아무 생각 없이 다락방에 누워있었다. 아버지는 이런 나의 모습이 걱정되었는지 한 가지 제안을 했다.

　"바람 좀 쐬자."

　그날 나는 무슨 생각이었는지 아버지의 제안을 거부하지 않았다. 이 무렵 나는 아버지가 어떤 말을 하면 은근히 반발하거나 거부하곤 했는데 이때는 그렇게 하지 않았다. 당시 신월동과 경기도가 접하는 일부 지역은 산, 논, 밭으로 개발이 되지 않은 상태였다. 나는 아버지가 운전하는 배달용 오토바이 뒤에 올라탔다. 상쾌한 바람이 몸 전체로 다가왔고, 몸에 밴 다락방의 눅눅한 냄새가 사라지는 것 같았다. 아버지와 나는 오토바이를 타고 신월동 산기슭과 밭, 논을 한 바퀴 돌았다.

지금도 나는 그날의 푸른 하늘과 밝은 햇빛이 선명하다. 그날 본 풍경은 다른 날과는 달랐다. 이전까지 조울증 비슷한 감정에 시달렸던 나의 머릿속이 순간 맑아졌다. 다락방에 누워있지 말고 밖으로 나와야겠다는 생각이 스쳐 지나갔다.

나는 우울하다는 사람들에게 "혼자 있지 말고 푸른 하늘과 햇빛을 봐!"라고 말하곤 한다. 이날 아버지와 함께 느꼈던 기분 때문이다. 푸른 하늘, 밝은 햇빛, 신선한 바람은 사람의 정신을 맑고 건강하게 만든다.

대학 입학 시험을 보고 나서 얼마 안 되었을 때 일이다. 대학 합격자 발표 날이었다. 내가 무덤덤하게 합격자 발표를 보고 오겠다고 하자 아버지는 웃으면서 이렇게 말했다.

"같이 가자. 잠깐 기다려라."

나는 이 말을 듣고 '아버지가 무슨 일이지?'라고 생각했다. 아버지는 칼을 움켜쥔 채 닭을 자르던 손을 씻고, 방안으로 들어가서 깨끗한 옷으로 갈아입고 나왔다. 집에서 나온 나와 아버지는 함께 버스 정류장으로 갔다. 그때 아버지가 또 예상을 뒤엎는 제안을 했다.

"택시 타자!"

같은 서울이지만 신월동에서 내가 지원한 대학교까지 거리가 꽤 멀었기 때문에 택시비가 만만치 않았다. 아버지와 나는 택시를 타고 1시간 정도 달렸다. 찬바람이 부는 쌀쌀한 날이었다.

195

"합격했어요."

게시판에서 이름을 확인한 나는 아버지에게 말했다. 그 순간 아버지 얼굴에는 미소가 번졌다. 아버지는 몇 번이고 내가 손가락으로 가리킨 곳에 있는 내 이름을 확인했다. 그리고 아버지는 말했다.

"이 정도면 됐다."

내가 입학한 대학은 명문대는 아니지만 아버지는 나름 만족하는 듯했다.


## 어머니도 울고, 아버지는 몰래 울고

군에 입대하고 신병 교육대에서 퇴소식을 하는 날이었다. 퇴소식 날은 훈련병들이 분열, 총검술, 태권도 등 시범을 보인다. 이때 사단장은 물론 훈련병의 부모님과 가족까지 퇴소식에 참여한다.

"어머니는 나를 보자마자 울겠지."

나는 이렇게 생각했다. 이때는 한겨울이라, 나의 손등은 쩍 갈라질 정도로 심하게 부르튼 상태였다.

"이 손을 본 순간 어머니가 분명 눈물을 흘리실 거야!"

나는 장갑을 끼고 있었지만 끝까지 어머니에게 손을 감출 수는 없는 상태였다. 부모님은 지인과 함께 그의 차를 타고 갓 튀긴 통닭과 음식을 싸서 오셨다. 역시나 어머니는 나를 보자마자 눈물을 흘렸다. 찬바람과 꽁꽁 언 땅, 하얗게 쌓인 눈이 어머니의 눈물샘을 더욱 자극했을 것이다. 어머니의 눈물을 예상했던 나는 무덤덤했다. 그러나 예상 밖의 일이 벌어졌다. 한 곳에 자리를 잡고 음식을 먹으려 할 때였다. 순간 아버지가 보이지 않았다. 어머니에게 물었다.

"어버지는 어디에 계세요."

어머니도 아버지가 어디에 계신지 몰랐다. 나는 바로 주위를 둘러보았다. 아버지는 20여 미터 떨어진 스탠드 계단 아래쪽에 있었다. 아버지의 얼굴은 보이지 않았다. 아버지는 등을 돌리고 있었다. 나는 그 모습에서 아버지의 마음이 어떤 상태인지 금세 알아차렸다.

'아버지가 울고 계시는구나!'

아버지는 우는 모습을 보이기 싫어서 20여 미터 떨어진 곳에서 등을 돌리고 있었다. 나는 아버지가 강하고 굳센 사람이라 눈물 한 방울의 흘리지 않을 줄 알았다. 그러나 아버지는 눈물을 흘렸다. 이때 나는 처음으로 아버지의 약한 모습, 아니 아버지도 강철 같은 사람이 아니라는 사실을 알게 되었다.

중년이 넘은 남자라면 누구나 알 것이다. 현역병은 집에서 떨어져 30개월 동안 부대에서 먹고 자며 군복무를 했고, 방위병은 집에서 출퇴근을 하며 18개월 동안 군복무를 했다. 이런 이유로 방위병으로 군대를 갔다 온 사람은 때때로 술자리 등에서 군대 이야기를 할 때, 은근 무시를 당하기도 했다. 이런 이유 때문인지 나는 방위병으로 가는 건 뭔가 부족한 것이 아닌가라는 생각도 했다.

나는 방위가 아닌 현역으로 군대를 가고 싶었다. 그러나 방위병은 현역병에 비해 복무기간이 반밖에 안되고, 집에서 출퇴근을 할 수 있었기 때문에 오히려 나쁠 것이 없었다.

군입대를 위한 신체 검사를 받기 얼마 전, 나는 아버지에게 이런 말을 했다.

"짝눈이 심해서 방위로 갈지도 몰라요."

그러자 아버지는 대뜸 말했다.

"현역으로 가야지, 뭔 소리야!"

아버지는 쓸데없는 소리 말고 현역으로 지원하라고 했다. 분명 아버지도 방위병으로 갔다왔는데 말이다. 아버지는 현역병으로 가야하는 이유를 이렇게 말했다.

"야! 방위병으로 갔다 오면 술자리에서 은근 할 말 없다!"

실제로 나는 그때나 지금이나 짝눈이 매우 심하다. 그러나 나의 짝눈은 방위병으로 입대할만한 사유가 되진 않았다. 나는 1989년 1월 18일, 추운 겨울에 입대해서, 첫 통과의례로 사단 훈련소에서 6주 기초 군사훈련을 받았다. 아버지는 훈련소 퇴소식 날, 나를 보자마자 눈물을 흘렸다. 나와 어머니, 함께 온 지인분의 눈에 띄지 않게 훈련소 연병장 한쪽 스탠드 계단에 등을 돌리고 홀로 서서 말이다.


## 돌 구이, 여동생과 남동생의 추억

아버지는 여동생과 남동생을 데리고 청평에 놀러 갔다. 물가에서 수영하고, 쉬는 시간에 돌 위에 고기를 구워주었다. 여동생과 남동생은 이날을 행복했던 순간으로 간직하고 있다. 그러나 나는 돌 구이에 대한 추억이 없다. 아버지가 청평에 '물놀이'하러 가자고 했을 때 나는 거부했다. 아버지와 어머니는 서로 번갈아 가며, 계속 '물놀이'를 가자고 말했다. 그러나 나는 이유도 없이 무조건 가기 싫다고 억지를 부렸다. 아버지와 어머니는 물러섰다. 나의 막무가내식 행동을 제어할 수 없었기 때문이다.

내가 청평에 가지 않은 이유는 '아버지에 대한 창피함' 때문이었다. 초등학교 고학년 때부터 느끼기 시작했던 아버지에 대한 창피함이 사춘기와 겹쳐 극단적으로 솟구쳤다. 그것은 아버지에 대한 창피함이기도 했지만, 이유를 알 수 없는 어떤 반항이기도 했다. 그때마다 아버지도 나를 감당하지 못했던 것 같다.

가끔씩 아버지는 얼굴을 찡그리면서 "이 자식이……." 라고 화를 참곤 했다. 그 모습을 볼때마다 나는 순간 움츠리기도 했다. 지금 생각해 보면 아버지는 화가 솟아오르는 데도 불구하고 그것을 내 앞에서 참았던 것 같다.


## 사위는 성실했지만 프랑스인이라 망설였어

여동생은 서른이 넘어서 프랑스 남자와 결혼을 했다. 부모님 세대가 생각하기에는 도저히 상상할 수 없는 일이었다. 아버지와 어머니는 서른이 조금 넘었을 때 청평과 항사리에서 창호지를 만들었다. 그 시절 다른 나라에 대한 들을 수 있는 수단은 라디오와 신문에 불과했다. 프랑스는 어떤 나라인지, 정확히 어디에 있고, 옆에는 어떤 나라들이 있는지, 어떤 것을 먹고사는지 등 정확히 아는 게 사실상 없었다. 아버지와 어머니는 막연히 프랑스는 삼시 세끼 빵을 먹고, 우리보다 고기도 많이 먹고, 또 그 때 기준으로 우리보다 월등하게 잘산다, 라고 생각하는 정도였다.

어느 날 여동생이 이야기를 꺼냈다.

"프랑스로 어학 연수를 가고 싶어요."

아버지와 어머니는 조금은 뜬금없는 말에 놀랐다. 어학연수는 집을 떠나 다른 나라로 가서 공부를 하는 것이므로 누가 보아도 쉬운 일이 아니다. 그런 어학연수를 딸이 가고 싶다고 하니, 아버지와 어머니는 놀라지 않을 수 없었을 것이다. 순간 아버지와 어머니의 머릿속에는 이런 생각이 스치고 지나갔을 것이다.

"돈은 어떻게 마련하고, 여자 혼자서 괜찮을까?"

아버지와 어머니는 여동생에게 프랑스에 가지 말라고 했다.

그러나 여동생은 이미 많은 준비를 마친 상태였고, 자신의 뜻을 강하게 주장을 했다.

유학 장소는 프랑스와 독일의 경계에 위치한 '스트라스부르'이고, 학비는 얼마이며, 프랑스 가려면 돈을 얼마나 가지고 있어야 한다고 말했다. 그러면서 여동생은 그동안 모은 돈으로 유학을 가면 된다고 했다. 아버지와 어머니는 여동생이 모은 돈 외에 여동생 앞으로 저금한 돈을 주었다. 여동생은 스트라스부르의 한 대학에서 '어학연수 프로그램'을 이수했다.

어학연수를 마치고 돌아온 여동생의 방에는 조그만 변화가 있었다. 컴퓨터 바탕화면에 한 남자의 얼굴이 큼지막하게 나타났다. 그는 얼굴이

갸름하고, 머리카락은 금발이었다.

나는 그가 할리우드에서 새롭게 인기를 얻고 있는 배우라고 생각했다. 그러나 그는 배우가 아니었다. 나중에 여동생이 직접 확인을 해주진 않았지만, 지금 생각해보면 그 남자는 여동생의 프랑스인 남자친구였던 것 같다. 그러나 우리 가족은 그 남자가 누구인지 아무도 몰랐다.

마침내 여동생이 결혼을 선언했다. 남자는 프랑스인이었다. 갑자기 등장한 프랑스 남자 탓에 나도 놀라고 나의 아내와 남동생도 놀랐다. 이런 상황이니 아버지와 어머니가 놀라는 것은 당연했다. 아니 아버지와 어머니는 당황스러워했다. 어머니는 여동생이 부모님 근처에서 함께 살기를 원했다.

얼마 후, 남자 한 명이 우리집에 나타났다. 그는 키가 크고, 팔과 다리도 길고, 머리는 금발이었다. 이름은 '에릭 훈진거'이고 프랑스 스트라스부르 사람이었다. 나이는 여동생보다 세 살 어렸다.

매제될 사람이 프랑스인인데 도통 어떤 사람인지 알 수 없었다. 아버지와 어머니의 입장에서 마음이 불안했다. 여동생의 친구가 프랑스 남자와 결혼했고, 그 친구가 매제인 에릭 훈진거를 소개시켜 주었다고 한다. 그 시점은 여동생이 프랑스로 어학연수를 가기 전이었다. 아버지와 어머니의 입장에서 여동생의 상황은 불안해 보였다.

아버지와 어머니는 외국인 사위를 처음에는 마음에 들어하지 않았다. 아버지와 어머니는 매제의 인물 됨됨이가 싫었던 게 아니었다. 아버지와 어머니의 걱정은 현실적이고 구체적이었다.

"외국에서 살면, 부모는 물론 오빠와 동생을 만나기 어려울 텐데, 몸까지 아프기라도 하면 의지할 곳이 없어서 힘들지 않겠냐?"

그러나 여동생과 매제의 결혼식을 막을 수는 없었다. 결혼식은 정동 프란치스코성당에서 있었다. 결혼 후 여동생과 매제는 프랑스로 떠났다. 매제는 대학과 대학원에서 생물학을 전공하고, 프랑스 스트라스부르(CNRS strasbourg) 국립연구소( le Centre national de la recherche scientifique)에서 일하고 있다. 그전에는 독일 하이델베르그 EMBL(The European Molecular Biology Laboratory)Heidelberg와 독일 튀빙겐 막스프랑크연구소(Max Planck Institute Tübingen)에서 연구원으로 일했다.


## 아버지의 미안함, 논두렁에 떨어진 남동생


남동생은 서울 근교 파주에서 군생활을 했다. 한번은 아버지가 혼자 오토바이를 타고 동생의 부대로 찾아갔다. 아버지가 부대 입구 앞에서 면회 신청을 하려는 순간, 보초병이 아버지의 얼굴을 보며 말했다.

"혹시 한대영이 아버님 아니세요?"

아버지가 그렇다고 하자 보초병은 묻지도 않은 말을 했다.

"한대영이 좋아요."

아버지는 기분이 좋았다. 인사치레로 하는 말인지는 몰라도 같이 생활을 하는 동료가 남동생에 대해 좋은 사람이라고 하니 기분이 좋을 수밖에. 보초병의 말은 듣기 좋은 말이라기보다는 실제 자신이 느낀 점을 말한 것 같았다.

아버지는 지금도 남동생에게 한 가지 일을 미안해한다. 가평군 항사리에 살 때였다. 항사리에는 초등학교가 없었다. 항사리 아이들은 고개 하나를 넘어서 임초리에 있는 초등학교에 다녔다. 그러다 보니 아이들은 또래끼리 아침에 함께 모여서 가고, 집으로 돌아올 때도 함께 모여서 왔다. 그중 한 녀석이 대장처럼 행동을 했는데, 그 녀석은 자기가 직접 가방을 메지 않고 또래 친구들한테 가방을 메고 가게 했다. 어린 마음에 그 녀석이 조금은 못된 짓을 했던 것이다.

한번은 남동생과 대장처럼 행동하는 녀석이 싸운 적이 있다. 그때 대장처럼 행동하던 녀석이 남동생이 만만치 않음을 알았는지, 어떤 부당한 요구도 하지 않았다. 그러던 중 남동생이 대장처럼 행동하는 녀석의 충동질에 빠진 것인지, 함께 남의 집 딸기를 몰래 따 먹었다. 주인은 아버지에게 항의했다. 순간 아버지의 욱하는 성격이 머리끝까지 올라왔다.

그때 아버지의 눈에 남동생이 보였다. 남동생은 논두렁을 따라 걸어오고 있었다. 아버지는 그 순간까지 화를 삭히지 못했다. 아버지는 남동생을 손으로 번쩍 들어서 논두렁 밑으로 던졌다. 아버지는 지금도 이 순간을 선명하게 기억하고 있었다. 아버지는 그 순간의 감정을 이렇게 표현했다.

"대영이에게 정말 미안했지."

그러나 아버지에게 한 가지 다행인 점은 남동생이 그날 일을 기억하지 못한다는 것이다. 내가 남동생에게 논두렁에서 있었던 일에 대해 묻자 남동생은 처음 듣는다는 표정을 지었다.

"그런 일이 있었어?"

아버지는 평생 남동생을 논두렁으로 밀쳤던 일을 미안하게 생각하고, 남동생은 그 일을 잊고 있었다.


## "이상적이고, 꿈이 크다."


어머니는 자식 모두가 명문대에 진학하길 원했다. 그러나 우리는 그 꿈을 만족시켜 드리지 못했다. 한때 공부에 대한 열망이 컸던 나도 입시에 대한 아쉬움이 있다. 그러나 이런 아쉬움은 길지 않았다. 나는 내가 진학한 대학교에서 4년 동안 즐거운 시간을 보냈다. 선후배들과 함께한 독서 토론과 동아리 활동은 일상의 활력이었고, 이때 생긴 자존감으로 미래에 대한 꿈을 꾸게 되었다. 어머니는 자식 교육에 대한 아쉬움을 전혀 티내지 않았다. 오히려 우리에게 잘 커줘서 고맙다며 교육 환경을 탓했다.

"환경을 제대로 만들어 주었으면, 최소 누구라도 인정하는 명문대에 입학을 했을 텐데 말이야!"

어머니는 창호지 공장을 하던 과거에 대해 이렇게 회상했다.

"아침밥을 해놓으면, 각자 알아서 먹고 학교에 가고, 집에 와서도 각자 알아서 때가 되면 잠이 들었지. 도대체 너희들과 통 이야기할 시간도 없었지……."

어머니는 생활의 세세한 면을 가르치지 못했단 아쉬움이 늘 남아 있었다. 그러면서 아버지에 대한 아쉬움을 몇 번 표출하기도 했다.

"너희 아버지는 교육 환경의 중요성을 잘 몰라!"

어머니의 말이 맞는지 틀린지 증명할 필요는 없을 것이다. 다만 한 가지 확실한 것은 아버지는 여유롭게 교육 환경 같은 것을 선택할 수 있는 위치에 있지 못했고, 그 사실은 어머니도 알고 있었다. 아마 "너희 아버지는 이런 것을 잘 몰라!"라는 말은 어머니의 아쉬움 속에서 나왔을 듯하다. 반면 아버지의 생각은 단호했다.

"이렇게라도 열심히 살았으니까 집이라도 장만하고 노후에 필요한 돈도 모을 수 있었지."

아버지는 자식 교육에 늘 신경 썼고, 때때로 무한한 애정을 보여주기도 했다. 아버지도 그렇고 어머니도 역시 서로의 심정을 충분히 알고 있었을 것이다. 또한 두 분 모두 모든 것이 100% 만족스러운 상황이 아니었다는 사실도 알고 있었을 것이다. 아버지는 열네 살부터 자신의 운명을 스스로 개척하며 살아온 사람이다. 자신의 그런 역사가 아버지의 말과 생각에는 의식적, 무의식적으로 반영되어 있다.

"다 자기 하기 나름이다."

아버지는 환경에 따라 교육을 잘 받으면 삶이 윤택해지고 행복의 가능성 역시 더 높아진다는 사실을 알고 있다. 그러나 여기에 덧붙이고 싶은 게 있다. 첫 번째는 스스로의 노력과 의지이고, 두 번째는 모든 것은 100%일 수 없고, 따라서 신중하게 선택해야 한다는 것이다. 아버지가 자식들에게 하고 싶은 이야기는 환경적인 어려움은 항상 있으며, 중요한 것은 '이것을 극복하고 일어나려는 인간의 의지와 노력'이고, '세상은 나를 위해 준비되어 있거나 기다리고 있지 않다.'는 평범하지만, 때론 실천하기 쉽지 않을 말을 깨달아야 한다는 의미로 보인다.

어쨌든 우리는 모두 대학에 진학했고, 아버지는 이 사실을 은근히 자랑스러워했다. 아버지는 지인들에게 우리를 가리키며 '어떻게 하다 보니 모두 대학을 가긴 갔어'라고 말하기도 했다. 하지만 아버지가 지인 앞에서 그런 식으로 나를 소개할 때마다 나의 자존감은 바닥으로 떨어졌다. 아마 아버지에게 인정받고 싶은 마음이 작동했기 때문일 것이다. 인정받고 싶은데, 인정을 해줘야 하는 당사자가 나를 도무지 인정하지 않는 것처럼 말했기 때문이다. 그러나 후에 알게 되었다. '어떻게 하다 보니, 대학에 들어갔어.' 라는 말 자체가 아버지의 은근한 자랑이었다는 사실을.

## 사랑한다는 말을 못하는 아버지

만약 누군가 자식들에게 남기고 싶은 말이 있냐고 묻는다면, 어머니는 이렇게 답할 것이다.

"첫째 한대웅, 둘째 한희경, 막내 한대영, 잘 자라주고 잘 살아주어서 고맙다. 그리고 사랑한다."

어머니의 말은 따뜻하고 이상적이다. 어머니는 자신의 과거를 이야기할 때도 감정을 풍부하게 표현했다. '눈물을 흘렸다.', '안쓰러워 보였다.'는 식으로 말하거나 상황을 구체적으로 묘사했다. 어머니는 틈틈이 에세이를 읽었는데, 이런 경험이 영향을 미친 것 같다.

아버지는 어머니와 다르다. 말은 짧고 내용은 현실적이고 이성적이다. 분명히 자식들을 생각하는 마음은 아버지와 어머니가 다를 바가 없다.

그러나 아버지는 짧게 대답을 하거나 말을 하지 않는다. 또 아버지는 고마워요, 사랑해요라는 말을 들으면 빙그레 웃으며 좋아하고, 아버지도 그런 표현을 하고 싶은 눈치였다. 그러나 아버지는 이렇듯 직접적인 표현을 못한다. 또 '예쁘네', '기쁘네'와 같은 말을 표현하는 것도 서툴고 익숙하지 않다.


## 어머니에 대한 아버지의 미안함과 감사함

동생들이 아직 초등학교에 들어가기 전이었다.

"엄마! 엄마~아!"

나는 울고 있었고 동생들도 어쩔 줄 몰라 했다. 원인 제공자는 나였다. 그러나 따지고 보면 그 상황에서 내 잘못은 없었다. 나는 어린아이에 불과했다. 어머니는 부엌에서 상을 차린 다음 그 상을 방안 문턱 앞에 놓았다. 나는 어머니한테 내가 옮긴다고 말한 뒤 두 손으로 그 상을 번쩍 들었다. 그러나 어릴 때라 팔이 짧았고, 이 탓에 상의 한쪽을 놓치고 말았다. 상은 한쪽으로 기울어지며, 밥그릇부터 반찬그릇, 찌개 냄비를 비롯해 숟가락과 젓가락이 쏟아져 내렸다. 방안은 식기와 음식물로 뒤섞였다. 순간 아버지는 어머니에게 큰 소리로 심하게 화를 냈다.

"왜 이걸 애가 들게 해."

어머니가 나에게 밥상을 옮기라고 시킨 것도 아닌데, 아버지는 앞뒤 파악도 하지 않고 화부터 냈다. 마치 어머니가 나에게 밥상을 옮기라고 시킨 것처럼 말을 했다. 나는 아버지가 화내는 모습을 보고 어떻게 해야 할지 몰랐다. 어린 나는 호기롭게 밥상을 옮기려 했는데 내 실수 때문에 아버지는 화를 냈다. 결국 아버지와 어머니는 부부싸움을 했다. 어머니는 맞대응을 했지만 아버지처럼 심하지도 않았고, 감정적이지도 않았다. 이날, 아버지는 이성 보다는 감정이 앞섰다. 아버지는 살면서 갑자기 버럭, 하고 화를 내거나 소리를 지르는 경우가 종종 있었다.

신월동 시장에서 생선 장사를 할 때였다. 나는 고등학교 1학년이었다. 아버지는 어떤 일로 어머니에게 심하게 소리 지르고 화를 냈다. 어머니는 이날 강하게 맞대응을 했다. 그러자 아버지는 더 심하게 어머니에게 소리를 지르고 화를 냈다. 두 분의 싸움은 좀처럼 잦아들지 않았고 점점 더 격해졌다. 나는 갑자기 일어난 아버지와 어머니의 싸움을 바라볼 수밖에 없었다. 이날의 싸움은 가끔 일어나는 게 아니었다. 아버지는 내 앞에서 평소보다 심하게 어머니에게 화를 냈다.

그러나 시간이 지나자 아버지와 어머니 사이에는 정적이 흘렀다. 두 사람은 더는 감정 상하는 말을 주고받지 않았다. 그리고 두 사람은 서로 다른 공간으로 떨어져 있었다. 아버지는 나와 함께 방에 있었고, 어머니는 가게에 앉아 있었다. 아버지의 표정을 보니 이제 모를 것도 없는 아들 앞에서 심하게 싸웠다는 것이 매우 창피한 듯했다. 이때 아버지가 예상치 못한 행동을 했다. 아버지가 살짝 눈물을 글썽였던 것 같기도 하고, 아닌 것 같기도 하다. 어쨌든 아버지는 나에게 다가 왔다. 그리고 아버지는 곧 바로 왜 부부싸움을 하게 되었는지 나에게 말했다.

"돈도 없고, 의지할 곳도 없다 보니, 이렇게 싸우는 것 같다."

아버지는 길게 설명하지 않았다. 나도 아버지에게 그 이상의 답을 요구하지도 않았다. 답을 요구할 수도 아니면 뭔가를 말할 수도 있는 입장이 아니었고, 또 그런 상황도 아니었기 때문이다.

아버지는 나이가 들면서 이전보다 더 많은 여유를 갖게 되었다. 아버지는 과거를 돌아보며 이렇게 말했다.

"니들이 큰 문제없이 자라고, 장사를 해서 집을 마련하고, 나이 들어서 안정적으로 사는 데는 니들 엄마의 힘이 컸다."

아버지는 자식들 교육 외에도 '복(福)'을 이야기하며, 어머니에 대한 고마움을 표현했다.

"사람들은 항상 엄마 복으로 산다고 하는데, 나는 그 말을 들으면, 기분이 좋다."

아버지의 말에 따르면, 어머니가 복이 많은 것이 아니라 아버지가 복이 많은 셈이다. 아버지는 이 책을 쓰는 인터뷰를 하면서 어머니에게 몇 차례 미안함을 표현했다. 아버지의 요지는 이런 것이었다.

"나의 욱하고, 급한 성격, 자존심에 상처를 주는 말들, 또 내가 스트레스를 받을 때마다 했던 거친 행동과 말들 때문에 너희 엄마가 많이 힘들었을 거야! 아내한테 일부러 화를 내고 말을 함부로 사람이 어디 있겠니? 변명처럼 들리겠지만 먹고 살려다 보니, 가족의 생계를 책임지려다 보니, 그때마다 의지할 곳도 없다 보니, 엄마에게 화를 내고 말을 함부로 했다."

그리고 아버지는 어머니에 대한 고마움을 표시하는 것도 당연히 잊지 않았다.

"엄마가 나를 믿고 잘 따라줘서 고마울 뿐이다. 누가 보아도 엄마 입장에서 참을 수 없는 일이 많았을 텐데 말이다. 엄마가 참고 따라줘서 이만큼 살게 되지 않았나 싶다."


## 미켈란젤로는 아름다워!

몇 년 전, 아버지와 어머니는 80여 년 개인의 역사에서 색다르고 놀라운 경험을 했다. 특히 이 경험은 아버지의 머리에 강하게 남았다. 그 사실을 알게 되었을 때, 나도 놀라고 아내도 놀랐다. 그 일의 계기를 만들어준 사람은 여동생과 매제, 그리고 미켈란젤로를 비롯한 이탈리아의 위대한 예술가들이었다. 장소는 유럽의 로마, 바티칸시티였다.

아버지와 어머니는 여동생이 살고 있는 스트라스부르에 갔다. 이때 여동생과 매제가 차로 로마 관광을 시켜주었다. 아버지는 리비아와 사우디아라비아에서 중동 근로자로 갈 때, 유럽에 들렀다. 그러나 그것은 진정한 유럽 방문이 아니었다. 그대로 비행기를 타고 유럽의 하늘을 가로질러 본 것에 불과했다. 직접 본 것은 유럽의 하늘과 구름, 프랑스 샤를 드골 공항과 로마 공항의 면세점에 불과했다. 어머니는 일본에 가보았을 뿐 유럽에 가본 적이 한번도 없다.

아버지와 어머니는 여동생과 매제의 안내로 유럽의 성당과 성을 구경한 후, 로마에 갔다. 아버지와 어머니의 눈에 들어온 것은 곳곳에 넘쳐나는 그림, 조각물, 벽화였다. 시스티나 성당의 〈천지창조〉와 〈최후의 심판〉과 〈피에타〉 같은 조각은 경이로움 그 자체였다. 바티칸시티에 첫발에 내딛는 순간까지도 예술작품 감상은 아버지와 어머니의 삶에 존재하지 않는 단어였다. 아버지와 어머니는 간혹 절에 가서 옛날 불상을 보거나 또 어떤 장소에서 동양화든, 서양화든 그림을 본적은 있다. 그러나 그 어떤 그림과 조각물, 벽화도 바티칸시티에서 느꼈던 감동으로 다가온 적은 없었다.

아버지는 프랑스에서 돌아온 이후 나에게 말했다.

"대웅아! 로마의 바티칸시티와 성당은 꼭 한번 가봐라."

이 말에 나는 놀랐다. 또 나에게 이 이야기를 전해들은 아내도 놀랐다. 아버지는 그것이 그림이든 조각이든, 아니면 어떤 음악이든 간에 당신이 그것을 보거나 들은 후에 어떤 반응을 보이거나, 다시 권하는 일은 이때까지 한 번도 없었기 때문이다. 나는 아버지에게 미소를 지으며 이렇게 말했다.

"꼭 가보라고 할 정도니 미켈란젤로와 라파엘로가 대단하긴 하네요!"

짧은 순간이지만 아버지는 바티칸시티의 건축물과 예술품 앞에서 생존과 안전이라는 것 외에도 새로운 세상이 있다는 사실을 마음으로 받아들이지 않았을까? 그리고 이날 아버지와 어머니는 교황님이 집전하는 미사에도 참여했다. 미사는 독실한 카톨릭 신자인 어머니에게 무한 감동으로 다가왔다.

아버지와 어머니가 18년 6개월 동안 했던 닭 장사와 계란 장사를 끝낸 데는 어머니의 건강이 큰 요인이었다. 어머니는 50대 후반이 됐을 무렵, 오른쪽 팔에 쥐가 나기 시작했다. 그러더니 쥐의 정도가 심해졌고, 팔

전체가 검붉게 변하기 시작했다.

원인은 칼질을 너무 많이 했기 때문이었다. 생닭을 자르는 칼은 부엌에서 사용하는 일반 칼과 달리 두껍고, 크기도 2배 이상이다. 종일 그 칼로 생닭을 자르다 보니 팔에 무리가 온 것이었다. 어머니만 그런 것이 아니었다. 닭 장사가 괜찮다는 말을 듣고, 어머니의 지인 중 한분이 중국집을 그만두고 닭 장사를 시작했다. 후에 이분도 어머니와 동일한 증상으로 닭 장사를 그만두었다. 어머니의 오른쪽 팔은 닭 장사를 그만둔 후 감쪽같이 정상으로 돌아왔다. 어머니는 앞 팔 외에 이곳저곳 아픈 곳이 있었다.

58세, 조금 이르지만 어머니는 건강 때문에 아버지와 함께 닭 장사를 그만두었다. 스스로 은퇴한 셈이다. 그리고 공부와 종교 활동을 시작했다. 어린 시절 2년간 초등학교에서 읽기를 배우고 생활 속에서 에세이 등의 책을 읽으며, 독해력과 쓰기 능력을 향상시켰지만 어머니는 만족감을 얻지 못했다. 어머니는 더 높은 배움을 원했다. 어머니는 복지관에 등록을 하고, 영어를 공부하고, 성경책을 베껴 쓰곤 했다. 또 "아들이 쓴 책인데, 잘 읽어야지!"하며, 내가 쓴 책의 앞부분을 따라 썼다. 나와 아내는 어머니가 좋아 할만 책, 몇 권을 보내드리기도 했다. 어머니는 차츰 성취감을 느꼈다. 전자제품 AS센터와 통화를 할 때였다. 고객 상담 직원이 물었다.

"영어 읽을 줄 아세요? 전자제품 상단에 영어가 어떻게 쓰여 있나요."

어머니는 단어의 철자를 하나씩 알려 주었다. 어머니는 말했다.

"다시 태어나면 공부만 했으면 좋겠다."

어머니 집안 식구들은 천주교 신자다. 당신의 막내 동생은 수녀이고,

조카 두 명은 신부이다. 어머니는 아버지가 사우디아라비아에 갔을 때, 나를 데리고 봉천동 성당에 갔던 적이 있다. 그때부터 어머니는 성당에 다니려고 했다. 불안하고, 힘든 일상을 성당과 예수님에게 의지해 극복하려 했다. 그러나 그 마음은 오랫동안 마음속에만 머물러 있었다. 새벽부터 늦은 밤까지 주말도 없이 일하다 보니 성당에 갈 일말의 여유조차 없었다. 어머니의 바람은 닭 장사를 그만둔 후부터 시작됐다. 성당을 다니며 봉사활동에 참여했고, 성당의 배려로 일본 성지순례를 다녀오기도 했으니 말이다.

## 아버지의 꽃, 나무, 농작물

2004년, 아버지는 나이가 64세가 되었을 때, 망설임 없이 가평으로 귀촌을 했다.

"산을 사서 그곳에 할아버지와 할머니, 아버지와 어머니 산소를 만들고, 그곳에서 농사를 짓자."

이것이 평소 아버지의 꿈이었다. 또 어머니가 팔 외에도 이곳저곳이 아팠기 때문에 더는 장사를 할 수 없었다. 귀촌을 위한 땅은 1999년에 구입했다. 아버지는 70살이 넘었을 때 이 땅에 전라도 임실에 있던 증조할아버지와 증조할머니, 할아버지의 산소를 옮기고, 할머니와 함께 모셨다. 할아버지와 조상들의 산소를 아버지가 사는 곳 바로 옆으로 옮기는 것은 아버지의 오랜 소망이었다. 아버지는 자신의 인생을 이렇게 돌아보았다.

이름이 '일수'에서 '일순'으로 바꾼 다음에 인생이 더 잘 풀렸는데, 증조할 아버지와 증조할머니, 할아버지 산소를 가평으로 옮기고, 할머니까지 함께 모신 이후에는 항상 좋은 일만 생기는 것 같다.

아버지는 웃으며, 한마디 덧붙였다.

"40대 이후 나의 삶은 95% 이상 내가 원하는 대로 되었던 것 같다."

아버지는 큰돈은 아니지만 부담 없이 손주에게 용돈을 줄 수 있다는 사실에 행복해 한다. 또 이렇게 된 데는 자신의 판단과 노력, 결단력이 주요했다는 사실에 자기만족과 기쁨을 느끼곤 한다.

가평 땅은 산이고, 그 산 위에 밭이 있다. 밭에 올라가면 가평 시내를 비롯해 가평읍을 둘러싸고 있는 산과 북한강 강줄기의 일부분까지 보인다.

"나무와 농작물이 잘 자라는 것, 그것을 보는 것 자체가 기쁨이다. 가평에 온 후, 해마다 여러 가지 나무를 심었다. 소나무, 감나무, 밤나무, 모과나무, 복숭아나무, 사과나무 등을 심었다."

아버지가 심고 키운 나무는 이백 그루가 넘는다. 해마다 11월에서 1월 사이에 전지작업을 한다. 전지작업은 나쁜 가지를 잘라주고, 나무의 모양을 가꾸어 주는 일이다.

가평집 대문을 들어서 집으로 들어오는 길 양옆에는 국화, 맨드라미 같은 꽃을 심었다. 겨울을 제외하고 봄, 여름, 가을이면 빨간색, 노란색, 하얀색 등 다양한 색깔의 꽃들이 피어난다. 평소에는 벌과 나비가 날아다니고, 바람이 불 때면 꽃향기가 가득하다.

나와 아내는 이렇게 꽃을 심은 사람이 분명 어머니라고 생각했다. 그러나 이렇게 아름다운 정원을 가꾼 사람은 아버지였다. 나와 아내는 아버지의 급한 성격을 고려했을 때, 꽃을 심고 가꾼 사람이 아버지였을 것이라고 도무지 상상을 하지 못했다. 어느 날 물었다.

"와, 꽃을 이렇게 많이 심으셨어요?"

아버지는 꽃을 심는 이유를 이렇게 말했다.

"보기 좋지 않냐!"

아버지는 밭에 가족들이 먹을 수 있는 여러 가지 농작물을 심었다. 가지, 토마토, 고추, 배추, 파, 무, 고구마, 감자, 들깨, 참깨, 옥수수 등 거의 모든 농작물을 심고 가꾼다. 아버지는 수확한 농작물을 자식들을 비롯해 친척과 지인들에게 나누면서 기쁨을 느끼고 있다.

# 한일순 연표

| 한국사 | 한일순 |
|---|---|
| | **1941년**<br>전라도 정읍군 산내면 종성리 출생 |
| **1945년**<br>대한민국 정부 수립 | **1947년**<br>3년간 서당에 다님 |
| **1950년**<br>한국전쟁 발발 | **1950년**<br>임실 강진면 필봉리로 피난을 감 |
| | **1951년**<br>피난 도중 아버지가 돌림병으로 사망 |
| **1952년**<br>평화선 선언 | **1953년**<br>식구들이 뿔뿔이 흩어지고<br>고모할머니네에 1년간 맡겨짐 |
| **1954년**<br>제네바 정치 회의 | |
| | **1956년**<br>임실군 덕치면에서 머슴 생활 시작 |
| | **1957년**<br>친척 소개로 2년간 다시 머슴 생활 |
| | **1958년**<br>남양주 화도면 월산리로 이주<br>성인이 될 때까지 품팔이로 생존 |
| **1959년**<br>경향 신문 폐간 사건 | |
| **1960년**<br>3.15 부정선거<br>4.19혁명 | **1960년**<br>가평군 대성리에서 산판 일을 함 |

| | |
|---|---|
| 1961년<br>5.16 군사정변 | 1962년<br>전규만에게 죽임을 당할 뻔함 |
| | 1963년<br>훗날 장인이된 김명도의 창호지공장에서 일함 |
| 1964년<br>베트남전쟁 파병 | |
| 1965년<br>한일협정 | 1967년<br>한국전쟁 때 사라진 호적을 등록함 |
| 1968년<br>푸에블로호 납치 사건 | 1968년<br>방위로 입대 낮에는 창호지를 만들고<br>밤에는 방위로 복무함<br>13살 때 헤어진 누나 한옥순을 만남 |
| | 1969년<br>큰아들 한대웅 출생<br>개울가 옆을 개간해 창호지 공장 시작 |
| 1970년<br>새마을운동<br>경부고속도로 개통 | |
| 1970년<br>전태일 열사 분신 항거 | |
| 1971년<br>남북적십자 회담 개최 | 1971년<br>딸 한희경 출생 |
| 1973년<br>중동 건설 붐 | 1973년<br>작은아들 한대영 출생 |
| | 1977년<br>중동 근로자로 리비아로 감 |
| 1979년<br>6.10 민주항쟁 | 1979년<br>다시 가평군 항사리에서 창호지를 만들기 시작 |
| 1980년<br>5.18 민주화운동 | 1980년<br>관악구 봉천동에서 단칸방 살이 시작 |

| | |
|---|---|
| | **1980년**<br>사우디 아라비아로 중동 근로자 |
| | **1981년**<br>중동 특수 때 모은 돈으로 전셋집 이사<br>본인은 부동산, 아내는 포장마차 운영 |
| **1983년**<br>버마 아웅산묘소 폭발사건 | **1983년**<br>신월동에서 생선 장사 시작 |
| | **1984년**<br>무허가 건물에서 닭 장사 시작 |
| **1986년**<br>제10회 아시안 게임<br>서울 개최 | |
| **1987년**<br>이한열 열사 사망 | |
| **1988년**<br>서울올림픽 개최 | |
| **1989년**<br>해외여행 자유화 | |
| | **1991년**<br>막내를 끝으로 세 자녀 모두 대학에 보냄 |
| **1995년**<br>삼풍백화점붕괴사고 | |
| **1997년**<br>IMF 외환위기 | |
| | **1998년**<br>큰아들이 국가보안법 위반으로 구속 |
| | **1999년**<br>큰아들 결혼 |

2000년
남북정상회담

2002년
미군 장갑차 여중생 사망사건

2003년
대구지하철화재참사

2005년
자유무역협정(FTA) 체결

2000년
작은 아들 결혼

2004년
가평으로 이주

2005년
딸 결혼

2013년
유럽 여행

현재 평화로운 노년

# 아버지의 첫 직업은
# 머슴이었다

| | |
|---|---|
| 초판 1쇄 발행 | 2021년 5월 14일 |
| | |
| 지은이 | 한일순, 한대웅 |
| 펴낸이 | 최용범 |
| | |
| 편집 | 윤소진, 박호진 |
| 디자인 | 김태호 |
| 마케팅 | 김학래 |
| 관리 | 강은선 |
| 인쇄 | ㈜다온피앤피 |
| | |
| 펴낸곳 | **페이퍼로드** paperroad |
| 출판등록 | 제10-2427호(2002년 8월 7일) |
| 주소 | 서울시 동작구 보라매로5가길 7 1322호 |
| 이메일 | book@paperroad.net |
| 페이스북 | www.facebook.com/paperroadbook |
| 전화 | (02)326-0328 |
| 팩스 | (02)335-0334 |
| ISBN | 979-11-90475-51-8 (03990) |